MERLUSSE

suivi de

L'INFÂME TRUC

ŒUVRES DE MARCEL PAGNOL dans la collection FORTUNIO

SOUVENIRS D'ENFANCE
La Gloire de mon père.
Le Château de ma mère.
Le Temps des secrets.
Le Temps des amours.

L'EAU DES COLLINES
Jean de Florette.
Manon des sources.

Marius.
Fanny.
César.

Topaze.
Angèle.
La Femme du boulanger.
La Fille du puisatier.
Regain.
Le Schpountz.
Naïs.
Merlusse.
Jofroi.
Notes sur le rire.
Confidences.
Cinématurgie de Paris.
La Petite Fille aux yeux sombres.
Judas.
Pirouettes.
Cigalon.
Jazz.
Les Marchands de gloire.
La Prière aux étoiles.
Le Premier Amour.

ŒUVRES COMPLÈTES DE MARCEL PAGNOL
aux Éditions de FALLOIS

Tome I : Théâtre.
Tome II : Cinéma.
Tome III : Souvenirs et romans.
Tome IV : Œuvres diverses.

IL ÉTAIT UNE FOIS MARCEL PAGNOL.
Sa vie et son œuvre.
192 pages, 275 photos. Par Raymond Castans.

Les films de Marcel Pagnol sont disponibles en vidéo-cassettes éditées par la Compagnie Méditerranéenne de Films.

MARCEL PAGNOL
de l'Académie française

MERLUSSE

suivi de

L'INFÂME TRUC

Editions de Fallois

La première version de Merlusse *fut tournée
par l'auteur en 1935
au lycée Thiers de Marseille.
Georges Folgoas a réalisé pour la télévision
une seconde version en 1965.*

L'Infâme Truc *a été publié
pour la première fois à Marseille,
dans la revue* Fortunio, *le 6 janvier 1922.
Marcel Pagnol devait en tirer en 1935
le scénario de son film* Merlusse.

© Marcel Pagnol, 2005

ISBN 2-87706-523-5
ISSN 0989-3512

Éditions de Fallois, 22 rue La Boétie, 75008 Paris

MERLUSSE

PRÉFACE

Ce film de court métrage fut tourné pour la première fois en 1935, dans l'énorme bâtisse du vénérable lycée Thiers à Marseille.

Je l'écrivis sans grande ambition : il s'agissait de mettre à l'épreuve un nouvel appareil d'enregistrement du son, et il me parut raisonnable, pour cet essai, de réaliser une historiette de trente à quarante minutes plutôt que de risquer une « grande production ».

Bien m'en prit, car le son se révéla bientôt irréparablement bigophonique : cependant, je résolus d'aller jusqu'au bout de l'expérience, car j'étais enchanté par le jeu des petits comédiens et je voulais voir mon ouvrage sur l'écran avant de le recommencer, s'il en valait la peine.

L'expérience me sembla réussie en ce qui concernait l'histoire et l'interprétation : c'est pourquoi, après une mise au point satisfaisante du bigophone, nous réalisâmes une seconde version de *Merlusse*, avec l'immense avantage d'en avoir sous les yeux un brouillon.

Le rôle principal était joué par Henri Poupon, qui fut un personnage étonnant et un très grand comédien : il a été, dans *Angèle* et dans *Regain*, comparable à Raimu.

Henri était d'abord un « parolier », c'est-à-dire qu'il écrivait de petits poèmes dont un compositeur faisait des chansons.

Il en a écrit plus de cent vingt, dont une vingtaine furent célèbres comme : *C'est pareil, mais c'est pas la même chose*, *Tu n'as fait que passer*, *Sérénade à l'Inconnue*, *Elle est pratique*, *Je sais que vous êtes jolie*, et beaucoup d'autres qui obtinrent de brillants succès.

Dans ces moments de gloire, Henri était éblouissant. Deux grands yeux de velours sous un feutre noir lustré, un grand nez de condottiere, une cape bleu de nuit doublée de satin rouge : bien des passantes en ralentissaient leur marche et se demandaient visiblement qui était ce seigneur.

Un mois plus tard, sur les quais de Bandol, le seigneur, vêtu d'une chemise entrebâillée sur une fourrure noire et d'un pantalon de velours à côtes, jouait aux boules sur des espadrilles chevelues et sous un chapeau de paille qu'un mendiant n'eût pas ramassé. Il avait dépensé en quelques semaines des sommes considérables, d'abord pour payer d'anciennes dettes, puis en banquets, cadeaux et largesses, et se retirait dans sa ville natale pour y jouer aux boules et rêvasser pendant quelques semaines.

Parce qu'il avait honnêtement délégué ses droits d'auteur à ses créanciers, il ne recevait plus qu'un peu d'argent de poche, mais il avait un merveilleux ami, propriétaire d'un très plaisant hôtel sur le quai du petit port.

Au rez-de-chaussée s'ouvrait un café-restaurant, dont la terrasse était bordée par d'antiques palmiers.

C'est là que je le trouvai un jour, commodément installé sur une chaise longue. L'hôtelier, assis comme un client, lisait un journal grand ouvert qui cachait son visage. C'était un matin de la fin juin ; les premières estivantes passaient devant nous, sous les palmiers, la mer était bleue et brillante, on entendait le bourdonnement d'un hors-bord et une querelle de joueurs de boules. Henri, les sourcils froncés, me parut de mauvaise humeur, et je m'en étonnai. Il me répondit sur un ton sarcastique :

« Mon cher, je viens encore de monter d'un étage. Maintenant, je suis au troisième. »

Ces paroles étaient mystérieuses, et d'autant plus qu'il les avait prononcées à haute voix, en regardant le journal grand ouvert, comme pour provoquer une réponse ; mais le journal ne bougea pas. Il reprit alors :

« Je vais t'expliquer la technique de Monsieur. Entre novembre et mai, j'habite au PREMIER étage. Une chambre très grande, confortable, insonorisée, je dirai même une chambre luxueuse, où je me sens chez moi. C'est MA chambre. Or, le 15 mai dernier, un soir, à six heures, je vais dans MA chambre pour prendre ma douche. Je me déshabille complètement, j'entre dans ma salle de bains, et que vois-je ? Un grand blond tout nu, debout dans ma baignoire, qui se frotte le dos avec une brosse qui avait un manche d'un mètre, et qui me dit quelque chose en anglais. Je cours au téléphone, et la réception me dit : "On ne vous a pas prévenu ? Ce monsieur est lord Machin, le fils de l'ambassadeur. Vous, on vous a mis au second, au 14." Tout simplement. Quinze jours après, Monsieur – ce monsieur qui se cache derrière *Le Petit Provençal* –, Monsieur me dit, en se frottant les mains : "Le marquis de La Fregonnière est arrivé, alors je t'ai mis au troisième, au 24. Tu as une vue magnifique sur la mer." Enfin, aujourd'hui, on m'a monté au quatrième pour laisser ma chambre – tu ne devineras jamais à qui – à un Allemand ! Une brute gonflée de choucroute, très probablement un espion, qui serait bien mieux à sa place, couvert de chaînes, dans une cellule du fort Saint-Nicolas. S'il en arrive encore un autre, un pédéraste phtisique ou un roi nègre lépreux, je serai projeté à l'étage des chambres de bonnes. Ça m'est arrivé l'année dernière : une chambre si petite que, pour m'étirer le matin, il fallait ouvrir la fenêtre. Et tout ça pourquoi ? Parce qu'en ce moment, je n'ai pas d'argent ! »

À ces mots, le journal tomba sur la table et l'hôtelier souriant déclara en toute simplicité :

« Eh oui ! C'est pour ça ! Et ce n'est que pour ça !

– Tu entends ? s'écria Henri. Il l'avoue !

– Mais oui, je l'avoue ! Parce qu'imagine-toi que, tous les mois, il vient ici un homme qui porte une casquette à visière vernie. Il va regarder les compteurs de gaz et d'électricité, et il avoue que la Compagnie va m'envoyer une facture ! Et pour l'eau, c'est la même chose !… Et le personnel, le boucher, le boulanger, tout ça vient m'avouer, à la fin du mois, qu'il faut leur donner de l'argent ! Alors, si je ne loue pas mes meilleures chambres pendant la saison à des gens qui me paient comptant, comment veux-tu que je me débrouille ? »

À ces mots, Henri, le menton pointé et les yeux mi-clos, répondit noblement :

« Tu me poses une question d'hôtelier, et je ne suis pas hôtelier. Je suis un artiste et un créateur – et je te prie de reconnaître que je t'ai toujours payé.

– C'est la vérité.

– Et tu sais que je te paierai.

– J'en suis sûr ! Mais quand ?

– Dès que je le saurai, je te le dirai. Il est évident qu'en ce moment…

– En ce moment, je ne te réclame rien !

– C'est vrai, mais, de temps en temps, tu me lances des regards avides et tu fais des allusions déplaisantes. Hier soir, quand j'ai invité les joueurs de boules à l'apéritif, tu as pris tout à coup un air contrarié, et tu es venu dire : "C'est moi qui l'offre." Ce qui signifiait – en sous-entendu – "parce que je sais bien qu'il ne me le paiera pas" ! »

L'hôtelier se tourna vers moi :

« Voilà ce qu'il va imaginer ! Et puis il ne vous dit pas tout : il parle de sa montée dans les étages, mais il ne parle pas de la descente ! Il sera bientôt aux chambres de bonnes, ça c'est vrai. Mais vers le 1er septembre, il descendra au quatrième, vers le 10, au troisième, puis au second, puis au premier, où il restera tout l'hiver.

– C'est justement ça qui est humiliant... Je monte, puis je descends, puis je remonte, comme le petit bonhomme dans le bocal, comme un ludion. Voilà ce que je suis : le ludion de cet hôtel ! »

Pourtant Henri aurait pu faire une très belle carrière de comédien, s'il l'avait voulu.

Je reçus un jour, à Paris, la visite d'un important producteur qui me demanda de lui « prêter » Henri Poupon pour un grand film. Il ne m'appartenait nullement. Je compris qu'il s'était déclaré lié par un contrat d'exclusivité pour me confier la discussion de son engagement, et je ne le démentis pas.

Il s'agissait d'un film de long métrage, *Les Grands*, de Pierre Wolff. On lui offrait la première vedette homme, avec son nom au-dessus du titre, en lettres aussi grandes que celui de Gaby Morlay, qui le précédait. J'obtins pour lui cent mille francs, en 1935.

Dès que le producteur fut sorti de mon bureau, j'appelai Bandol au téléphone. Au premier appel, l'hôtelier alla le chercher, puis revint me dire qu'il me rappellerait plus tard, parce qu'il tenait à finir une partie de boules qu'il menait par 12 à 7 devant un champion professionnel. Il ne me rappela qu'une heure plus tard, et m'accusa de lui avoir fait perdre la partie, parce qu'on l'avait « dérangé », ce qui avait déréglé son tir.

Je lui annonçai la grande nouvelle. En vedette Gaby Morlay et Henri Poupon, premier rôle masculin, au-dessus du titre, cent mille francs. Il poussa quatre fois une exclamation d'enthousiasme, puis me remercia avec une véritable émotion. Je lui annonçai que c'était le début d'une grande carrière, et il en riait de plaisir. Puis il me demanda :

« À quelle date le début du tournage ?

— Dans dix jours.

— Où ?

— À Paris. Je vais dicter ton contrat, que je t'enverrai ce soir, et j'avertis notre agence de Marseille pour qu'on retienne ton wagon-lit.

— Si vite que ça ?

— Bien sûr. »

Il se tut un instant, puis après une petite hésitation, il dit :

« Écoute-moi bien. Je suis déjà au second étage. C'est te dire que les premiers "shorts" sont arrivés. À l'hôtel, il y a une nouvelle caissière, qui est ravissante, et je crois bien que j'ai de grandes chances de me l'approprier pour au moins deux mois. Et puis, je suis en grande forme pour les boules, et j'ai accepté de faire équipe avec Cabanis, l'ébéniste, et Naz de Cabre, pour le championnat de France à Nice. Comme second tireur, PERSONNE ne peut me remplacer... Alors, demande à ce producteur s'il ne peut pas remettre ça au mois de septembre. »

J'allais lui répondre par des injures, lorsqu'il hurla :

« Voui. J'arrive ! Marcel, excuse-moi, on m'appelle. Parpelle veut tirer au bouchon, je suis sûr qu'il va le manquer, et ça serait une catastrophe. Excuse-moi. »

Et il raccrocha.

Non, il n'a pas signé le contrat, il a refusé la chance qui était venue à sa rencontre. C'est Francen qui joua le rôle, et ce grand comédien y obtint un très beau succès personnel. Henri m'en parla plus tard avec sa générosité et sa modestie habituelles. Il me dit : « Tu vois comme j'ai bien fait de ne pas signer. Je n'aurais pas été capable de le jouer comme lui. »

Il a donc manqué une très brillante carrière de comédien, mais il n'a pas manqué sa vie. Aimé par tous ceux et toutes celles qui l'ont connu, il a vécu selon ses goûts, et ce fut un homme parfaitement heureux.

PERSONNAGES

	1935	1965
MERLUSSE	Henri Poupon	Georges Wilson
LE PROVISEUR	André Pollack	Jean-Paul Moulinot
LE CENSEUR	Thommeray	René Clermont
LE SURVEILLANT GÉNÉRAL	André Robert	Guy Kerner
LE CONCIERGE	A. Rossi	Marcel Daxely
LE GARÇON	Rellys	A. Guichard
PHILIPPAR	D'Armans	Mars Poly
LUPIN	Avierinos	Yves Favier
DELACRE	Dernard	Henri Vermeil
CERNIN		Michel Fontaine
NATHALIE	Annie Toinon	Odette Charblay
VILLEPONTOUX	Le petit Jacques	Frank David
CATUSSE	Fernand Bruno	Jean-Yves Breton
GALUBERT	Jean Castan	Christian Fourcade
PIC	John Dubrou	Olivier Vasserot
GODARD	Robert Chaux	Ben Bouman
SAMBA		Léopold Sanghor
MACAQUE	Le Van Kim	André Cheng

ET LES ENFANTS.

L'action se déroule en 1913 au lycée Thiers, à Marseille.

PERSONNAGES SECONDAIRES

LUPIN : C'est le plus vieux des répétiteurs. Petite barbe blanche. Propret sans être distingué. Il peut avoir un accent.

DELACRE : Moins de quarante ans. Trente-cinq si l'on veut. Prétentions à l'élégance.

TROISIÈME RÉPÉTITEUR : Quarante-cinq ans. Gros et souriant.

PHILIPPAR : A la cinquantaine. Plutôt ventru et solennel.

M. CERNIN : Jeune surveillant d'internat qui prépare une licence. Sympathique et larmoyant.

M. BALLIVET : Ingénieur. Il a la quarantaine. Son appartement est cossu, sa femme est jolie. L'homme d'affaires qui lui parle est un barbu gras.

LE GRAND-PÈRE GEORGIADÈS : Ressemble au Moïse de Michel-Ange. Il est solennel et pathétique. À table, le grand-père ou la mère nouera la serviette au cou d'Aristote.

On peut faire sortir du parloir un grand-père qui tient son petit-fils par la main.

La femme du concierge est une forte commère marseillaise.

NOTE SUR LES ENFANTS

GALUBERT : Il a seize ans environ. C'est le plus vieux de ceux qui resteront. Il est du Midi, mais peut être d'ailleurs. Son rôle est le plus important. Il faut un très bon comédien. Son père est dans les douanes, à Djibouti ou à Dakar.

CATUSSE : Quinze ans. Son père est officier de gendarmerie à Madagascar. Assez important.

PIC : Onze ou douze ans. Il est blond. Sa mère est aux Folies-Bergère à Paris.

AGASSIN : Douze ans. Son père commande un cargo.

SAMBA (le Noir) : Quatorze ou quinze ans. Il le faut robuste et sympathique.

GODARD : Treize ans. C'est un Pied-Noir. Son père cultive les mandariniers à Bougie. Léger accent.

VILLEPONTOUX : Onze ans. Sa mère est remariée. Elle habite Aix-en-Provence. Rôle important.

FALCONI : Quatorze ans. C'est un Corse de Corte. Accent corse assez prononcé.

N'GUYEN : Son père est roi d'une province du Laos, ou de l'Annam. Il a treize ans. Important.

ÉVENOS : Son père et sa mère sont des comédiens.

Il y a également une douzaine d'anonymes entre douze et treize ans.

Ceux qui sortent

LES QUATRE FRÈRES GEORGIADÈS : L'aîné Socrate, quinze à seize ans ; Thémistocle, douze ans ; Périclès, onze ans ; Aristote, dix ans. Ils portent tous les quatre le même pardessus gris à rayures, la même cravate, la même casquette et ils ont la même paire de gants. Leur père est un Grec de Marseille, un très riche transitaire qui a des comptoirs en Afrique et en Asie Mineure.
BERNARD (que sa mère vient chercher au parloir) : A douze ans. Très bien vêtu.
BALLIVET (celui qui frôle Merlusse en quittant la cour) : Très bien vêtu. On le retrouvera chez lui lorsque son père discute une affaire avec le barbu. Il a onze ans. Il est très petit.

Pour ceux que l'on vient appeler dans la cour ou en étude, *ad libitum*.

C'est la sortie d'un grand lycée, par un soir d'hiver, la veille de Noël. Sous la haute porte, grande ouverte, un flot d'enfants s'élance. Il y en a de tous les âges, depuis dix ans jusqu'à dix-huit. Les grands allument tout de suite une cigarette. Les plus petits courent vers leurs parents qui les attendent. À travers cette foule joyeuse, nous entrons dans le vieux lycée.

La très grande cour de récréation est entourée d'un péristyle d'arcades à piliers carrés. Derrière ces piliers, une large galerie, le long de laquelle coule le fleuve d'élèves, canalisé par quelques « pions ».

Une dame élégante réussit à remonter le flot et s'approche du surveillant général qui est sur la porte de son cabinet.

La dame porte des renards bleus sur ses épaules, un manchon et une toque de la même fourrure ; le surveillant général porte une jaquette défraîchie par un usage quotidien, et une calotte de velours noir.

LA DAME

Pardon, monsieur : je viens chercher mon petit garçon pour les vacances, mais je ne sais pas à qui m'adresser.

LE SURVEILLANT GÉNÉRAL

Il est pensionnaire ?

LA DAME

Oui.

LE SURVEILLANT GÉNÉRAL *(galant)*

Ce n'est pas ici, madame. Il faut descendre à l'internat. Soit en faisant le tour par la rue du Lycée, soit en descendant l'escalier qui se trouve derrière cette porte. Vous suivrez un long couloir, et vous tournerez à droite dans un autre couloir, où vous trouverez le cabinet de mon collègue de l'internat qui vous renseignera.

LA DAME

Merci, monsieur.

LE SURVEILLANT GÉNÉRAL

Tout à votre service, madame.

La dame s'éloigne, ouvre la porte, et disparaît.

Nous la suivons dans les couloirs, pour révéler au spectateur l'immensité et la sévérité de cette caserne scolaire. Au croisement d'un autre couloir, deux élèves qui viennent de revêtir au dortoir leur costume « des diman-

ches » descendent un large escalier en bondissant. Un autre glisse à califourchon sur la rampe, et ils fuient vers le parloir. Puis on voit s'avancer un garçon de réfectoire qui porte sur sa hanche une grande corbeille de pain. Il quitte le couloir par un passage transversal. Nous le suivons et nous arrivons dans une cour de l'internat, où des enfants jouent. Il pose le panier de pain sur le sol et il attend. Deux ou trois garçons en blouse noire s'approchent et choisissent un morceau de pain. Puis, sur la porte, paraît le concierge, qui a une casquette de service. Il a une liste à la main et hurle :

LE CONCIERGE
Corbessas, Muraire, Barbarin, Mancini, au parlouar !

Les quatre appelés, qui ont leur costume de sortie, arrivent au galop et disparaissent dans le passage en frôlant le concierge.

LE GARÇON À LA CORBEILLE
Y a pas beaucoup de clients ce soir.

LE CONCIERGE
Tous ceux qui sortent, ils se réservent pour s'empiffrer à la maison.

LE GARÇON
Té, ceux qui en voudront, ils se le prendront !

Ils s'en vont tous les deux.

DANS LE CABINET DU PROVISEUR

Le proviseur est un homme sévère et sarcastique. Il est vêtu de noir, probablement en deuil, car il porte une cravate noire. Il n'est nullement ridicule, mais d'une gravité réfrigérante. Il siège derrière son bureau. Le censeur est debout. Il est d'une élégance recherchée. Jaquette, pantalons rayés, une perle à sa cravate, une chevalière au doigt.

LE PROVISEUR

Va-t-il nous rester beaucoup de pensionnaires pendant ces vacances ?

LE CENSEUR

Probablement une douzaine, comme l'an dernier. Les Noëls se suivent et se ressemblent. Nous aurons aussi une dizaine d'élèves des classes terminales, qui n'ont pas besoin de surveillance et qui sortent librement.

LE PROVISEUR

Le service est-il assuré ?

LE CENSEUR

Comme d'ordinaire. J'ai gardé deux surveillants d'internat, le sous-économe, un garçon de dortoir, un cuisinier, et le concierge assurera le service du réfectoire. Pour ce soir, M. Philippar surveille la récréation, et j'ai confié la dernière étude, de cinq à sept, à M. Blanchard, parce que c'est le dernier répétiteur arrivé. Il n'est ici que depuis la rentrée d'octobre.

LE PROVISEUR

J'ai justement parcouru son dossier cet après-midi, car l'Académie met à ma disposition, pour les répétiteurs, deux promotions et deux titres de professeur adjoint. J'ai déjà nommé M. Lupin, qui passe en première classe.

LE CENSEUR

Il le mérite certainement.

LE PROVISEUR

Et j'ai pensé à faire passer M. Blanchard en seconde classe, quoique je ne le connaisse que de vue ; mais je m'étonne qu'à son âge il ne soit encore qu'en troisième.

LE CENSEUR *(évasif)*

Il y a peut-être des raisons.

LE PROVISEUR

Lesquelles ? J'aimerais les connaître, car je pensais aussi à lui conférer le titre de professeur adjoint.

LE CENSEUR

Je croyais que, pour la deuxième classe, vous proposeriez en premier M. Delacre... Il est peut-être un peu jeune, mais c'est un répétiteur de tout premier ordre. Exact, assidu, sympathique...

LE PROVISEUR

Et assez fortement pistonné. Son beau-frère est quelque chose au ministère, n'est-ce pas ?

LE CENSEUR

Je crois, je crois ; mais vous savez bien que ce n'est pas pour ça que...

LE PROVISEUR

Je sais, je sais. Je vous en parle parce qu'on m'a déjà écrit à ce sujet. *(Il rêve un instant.)* Pour M. Blanchard, la chose est assez importante... S'il ne passe pas cette année en seconde classe, lorsqu'il sera mis à la retraite, il aura une pension inférieure au maximum qu'il peut espérer atteindre... S'il y passe, il aura presque automatiquement ce maximum...

LE CENSEUR

C'est exact.

LE PROVISEUR

Toutefois, ce sont là des considérations accessoires, car ce qui me paraît le plus important, c'est son rôle dans notre maison. Est-ce qu'il réussit auprès des enfants ?

LE CENSEUR

Son étude est bien tenue, il y règne une discipline parfaite. Mais les élèves ne l'aiment pas : il est laid.

LE PROVISEUR

Je crois pouvoir dire, sans trop m'avancer, qu'il préférerait être beau.

LE CENSEUR

Il pourrait tout de même prendre plus de soin de sa personne. Son pardessus élimé n'a plus de forme, son feutre noir tourne au verdâtre : il a toujours la même cravate qui est une sorte de chiffon, quant à ses chaussures, elles mériteraient le nom de « croquenots » et sont plus dignes d'un client des asiles de nuit que d'un professeur adjoint... Les élèves l'appellent Merlusse.

LE PROVISEUR

Merlusse ? Pourquoi ?

LE CENSEUR *(presque pudique)*

Ils disent qu'il sent la morue.

LE PROVISEUR

Comme c'est curieux ! Est-ce qu'il sent vraiment la morue ?

LE CENSEUR

Je ne sais pas… Je ne crois pas… C'est sans doute son apparence négligée qui a provoqué chez les enfants une impression olfactive peut-être imaginaire, mais désagréable…

LE PROVISEUR

Ne pourriez-vous pas – discrètement – lui dire ou lui faire dire par un de ses collègues que la tenue est un élément d'appréciation qui a une assez grande importance ?

LE CENSEUR

Je m'en garderais bien ! Et personne ne voudra s'en charger… C'est un ours… Il parle peu, et c'est pour grogner ; et il a fort mauvais caractère.

LE PROVISEUR

Oui, j'en ai eu des échos.

LE CENSEUR

Le dixième jour de son arrivée, en octobre, il a eu au parloir un incident assez violent avec un parent d'élève. Un boucher. Celui-ci déclarait que son fils avait été puni injustement, et il a dit à M. Blanchard : « Quand les pions sont borgnes, les punitions tombent à l'aveuglette. »

LE PROVISEUR

Voilà un compliment bien tourné !

LE CENSEUR

M. Blanchard lui a répondu par une paire de claques épouvantables. Le boucher ne retrouvait plus la porte du parloir...

LE PROVISEUR *(charmé)*

M. Blanchard a eu tort. Il a eu grand tort... Pourquoi n'ai-je pas été informé officiellement de l'incident ?

LE CENSEUR

Au moment où je préparais mon rapport, le boucher est venu me voir : il avait appris que la blessure à l'œil de M. Blanchard était une blessure de guerre : il lui a fait des excuses et m'a demandé d'étouffer la chose.

LE PROVISEUR

Il a eu raison. Voilà un bon boucher. Voilà un incident en tout point ravissant.

LE CENSEUR

Peut-être ; mais lorsque ses collègues ont appris que Blanchard assommait les bouchers, ils l'ont considéré comme un sauvage, et ils n'ont pas tout à fait tort.

LE PROVISEUR

J'espère qu'il ne brutalise pas ses élèves ?

Je dois dire que je n'ai jamais reçu la moindre plainte à ce sujet, mais les enfants ont l'impression qu'il serait capable de le faire. Bref, voilà tout le bien et tout le mal que je pense de lui : consciencieux, exact, mais vraiment trop peu soigneux de sa tenue, peu sympathique à ses collègues, et redouté par les élèves. J'ajoute que lorsque je le croise dans la rue, il ne me salue jamais. *(L'horloge du lycée sonne. Le censeur tire de son gousset une montre en or.)* Enfin, il est temps que j'aille au parloir surveiller la sortie des pensionnaires.

Il se lève.

DANS LE PETIT JARDIN, À L'ENTRÉE DE L'INTERNAT

À droite, le bâtiment et la loge vitrée du concierge.
À gauche, la grande porte du parloir.
Trois répétiteurs sont assis sur le banc du jardin.
Un quatrième est debout et parle.
Sur le banc, il y a Lupin, dont la barbe est blanche. Il approche de la soixantaine. Il est très correctement vêtu, mais sans recherche. Delacre n'a pas quarante ans. Son pardessus

est de bonne coupe, dans le genre sportif. Le troisième qui ne dira rien a un pardessus confortable, un chapeau melon et un parapluie.

Celui qui est debout et parle, c'est Merlusse. Cinquante ans, peut-être moins. Il est grand et fort, un peu épais. Une courte barbe, à peine grisonnante. Feutre noir, pardessus au col de fourrure mangé aux mites. Au coin de son œil gauche, une cicatrice rouge descend sur sa joue. Sa voix est forte et rugueuse. Pendant qu'il parle, on verra passer derrière lui des mères, des pères ou des grands-pères d'élèves, qui entrent (seuls) au parloir, ou qui sortent avec leurs garçons.

MERLUSSE

La question n'est pas là. Deux heures d'étude de plus ou de moins, ça m'est égal, mais je n'aime pas qu'on me prenne pour un imbécile.

LUPIN *(se lève)*

Écoutez, Blanchard, je vous jure que c'est l'usage. La veille d'une fête, c'est toujours le dernier arrivé dans le lycée qui fait l'étude du soir. Le dernier arrivé, c'est vous ! C'est à vous de prendre le service.

MERLUSSE

Mais, nom de Dieu, je ne suis pas un débutant ! Je suis le dernier arrivé ici, mais j'ai vingt-quatre ans de service ! Il est évident que, tant qu'il n'en arrivera pas un autre, je serai toujours le dernier arrivé. Mon prédécesseur, Girardin, avait la deuxième étude, celle de garçons déjà raisonnables, et j'aurais dû en hériter, mais M. Delacre *(il le montre du doigt)*, qui avait l'étude des moyens, la plus mauvaise et la plus nombreuse, a obtenu du censeur la chaire qui me revenait et on m'a collé son étude, qui était une pétaudière. Il m'a fallu trois semaines pour les reprendre en main !

Delacre hausse les épaules. Le vieux Lupin se lève.

LUPIN

Mais voyons, Blanchard, c'est naturel et c'est l'usage ! Quand il y a une vacance, ceux qui sont sur place depuis longtemps en profitent !

MERLUSSE

C'est évidemment l'excellente raison pour laquelle on m'a également confié la seconde moitié de la récréation de quatre à cinq, celle où il fait nuit en hiver. On me fait surveiller les consignes du jeudi, on m'envoie faire le gendarme dans les classes de dessin, et maintenant pour cette étude, au lieu de m'inscrire sur le tableau de service à la place de mon prédécesseur, on avance mon tour de cinq rangs et on m'offre l'étude de la veille de Noël ! Eh bien, je dis tout de suite qu'on se f... de moi. Un point, c'est tout.

Pendant cette tirade, on voit passer M. le censeur, qui va au parloir. Les trois répétiteurs le saluent. Merlusse, qui lui tourne le dos, le salue quand il a disparu.

LUPIN (*conciliant*)

Mais écoutez, Blanchard, vous faites l'étude de Noël, vous ne ferez pas celle de Pâques ! Vous ne ferez pas celle de Pentecôte, ni celle du 14 juillet !

MERLUSSE

Ce n'est pas sûr du tout. Je suis ici depuis plus de six mois, et ce proviseur funèbre ne m'a encore jamais adressé la parole. Quant au censeur, j'ai l'impression qu'il me considère comme un abruti. Il a d'ailleurs peut-être raison, car j'accepte tout sans rien dire. J'avais l'espoir de passer en seconde classe cette année : la promotion est certainement faite, et on ne m'a parlé de rien. Je serai promu lorsque j'aurai la barbe blanche. Enfin, c'est comme cela. *(Il change de ton.)* Où ça se passe, cette étude ?

LUPIN

Certainement dans la vôtre. Et puis, vous savez, il n'y aura pas beaucoup d'élèves : une vingtaine, peut-être trente !

MERLUSSE

Ce ne sont pas les élèves qui me font peur.

Il entre dans le couloir.

DELACRE

C'est plutôt lui qui leur fait peur !

Une dame fort élégante passe et entre dans le parloir. Nous la suivons.

DANS LE PARLOIR

C'est une grande salle, merveilleusement cirée. Le long des murs il y a des personnes assises, qui attendent. Au-dessus d'elles miroite une frise de grandes photographies. Ce sont les portraits des anciens élèves qui ont eu des prix aux concours généraux. Ils sont fiers, mais ils n'ont pas l'air contents. En face d'eux, assis à la grande table, le surveillant général compulse divers papiers et classe des bulletins de sortie. Auprès de lui, le censeur. La dame s'approche d'eux. Elle tend une carte de visite au censeur qui s'incline et qui dit au surveillant général : Bondeville.

LA DAME

Armand Bondeville. Cinquième A[2].

Le surveillant général tourne les pages d'un registre.

LE SURVEILLANT GÉNÉRAL
D'accord.

Il inscrit le nom sur un bulletin qui est à côté du registre.

LE CENSEUR
On va l'appeler, madame. Voulez-vous prendre un siège ?

LA DAME
Merci.

Elle va s'asseoir. Soudain un garçon de douze ans entre en courant. Il s'arrête, regarde autour de lui, et, brusquement, choisit une dame distinguée qui aura bientôt quarante ans. Il va vers elle, elle l'embrasse volontiers. Puis tous les deux s'avancent vers la table où le surveillant général les attend.

LE PETIT GARÇON
Bernard.

Le surveillant général cherche dans ses papiers.

LE SURVEILLANT GÉNÉRAL *(murmurant)*
Bernard, Bernard… *(Enfin, il trouve une feuille rose et la lit des yeux. Il se tourne vers la maman.)* J'ai le regret de vous dire, madame, que le jeune Bernard devra faire une

consigne de toute la journée demain. En principe, il ne pourra sortir qu'après-demain.

La maman paraît consternée. Elle regarde Bernard d'un air de reproche et presque de désespoir. Le censeur, pour expliquer les causes de cette condamnation, a pris le registre et il le parcourt des yeux. Puis il se tourne vers la maman.

LE CENSEUR

Eh oui ! madame. *(Sévère.)* Le jeune Bernard a été surpris en train de copier sa composition d'histoire ; il avait un livre sous la table, ouvert sur ses genoux… Si nous avions appliqué la règle, le jeune Bernard aurait dû faire sa punition demain. *(Mondain.)* Cependant, à cause des vacances de Noël, M. le proviseur a jugé bon de surseoir à l'exécution de sa peine et il ne fera sa consigne qu'à la rentrée. *(Sévère.)* Certes, ce n'est pas pour lui, car il est très coupable. Mais nous avons eu peur de punir *(aimable)* sa famille *(galant)* et surtout sa maman.

Il salue.

LA MAMAN

Je vous remercie, monsieur le censeur.

LE CENSEUR

Madame, c'est M. le proviseur qu'il faut remercier. *(Il tend la main à l'hypocrite*

Bernard, qui a pris un air repentant, mais qui ne pense qu'à filer.) À bientôt, Bernard. Et ne prenez pas d'indigestion.

LA MAMAN

Au revoir, monsieur le censeur.

LE CENSEUR

Madame…

Il resalue. La maman sort avec son coupable. Le concierge est entré. Le surveillant général lui tend une liste de noms d'élèves. Il sort au moment où entre un élève de dix à onze ans. C'est le petit Villepontoux. Il fait du regard le tour de la salle, puis s'avance vers le surveillant général et le censeur.

LE PETIT GARÇON *(avec autorité)*

Villepontoux.

LE SURVEILLANT GÉNÉRAL

Quelqu'un est venu vous chercher ?

VILLEPONTOUX

Je ne sais pas. Je veux sortir !

LE CENSEUR *(au surveillant général)*

Voyez un peu. Je crois que la famille a écrit.

Le surveillant général feuillette un gros paquet de lettres.

LE SURVEILLANT GÉNÉRAL

Villepontoux... Villepontoux... *(Il prend une longue lettre, sur un très beau papier jaune paille, épais comme un parchemin. Il la parcourt des yeux.)* Eh bien, mon garçon, vous ne sortirez pas cette fois-ci. Ce sera pour une autre fois.

Il a passé la lettre au censeur qui la lit rapidement.

LE CENSEUR

Mme votre mère a jugé bon de vous laisser au lycée pendant les vacances de Noël.

VILLEPONTOUX

Pourquoi ?

LE CENSEUR

Peut-être avez-vous eu de mauvaises notes ?

VILLEPONTOUX

Je suis premier en version latine et second en français...

LE SURVEILLANT GÉNÉRAL *(à mi-voix)*

C'est un très bon élève. Pas une punition dans le trimestre.

LE CENSEUR

Et M. votre père, vous a-t-il écrit ?

VILLEPONTOUX *(souriant)*

Oh ! lui, il serait venu me chercher… Seulement il ne peut plus : il est mort. *(Un temps. Le censeur n'est pas très à l'aise.)* Alors, je ne peux pas sortir ? Elle habite à Aix, ma mère. Je peux bien y aller tout seul ! J'ai les sous pour le tramway !

LE CENSEUR

Hé ! non, mon petit ami ! Vous passerez les vacances au lycée, puisque c'est le désir, sans doute justifié, de Mme Villepontoux.

VILLEPONTOUX *(brusquement)*

Elle ne s'appelle plus comme ça, maintenant. Elle ne s'appelle plus comme moi. Elle s'appelle Mme Lavigne.

Le censeur est assez gêné. Il regarde le surveillant général. Puis brusquement et avec une sorte de gaieté affectée, il rompt les chiens.

LE CENSEUR

Allons, mon petit, allez jouer avec vos camarades. Ne perdez pas de temps dans ce triste parloir. *(Il le raccompagne vers la porte.)* Et n'ayez pas trop de chagrin… Après tout, pendant les vacances, on ne s'embête pas au lycée… Vous aurez la promenade tous les deux jours. M. Cernin doit vous conduire au Jardin Zoologique, puis au musée, puis à un grand match de football.

VILLEPONTOUX *(qui tient le coup)*

Oh ! moi, j'ai dit que je voulais sortir, mais c'était pour faire comme les autres. *(Brusquement amer.)* Parce que, sortir pour aller chez Lavigne, moi j'aime autant rester ici !...

Il sort. La porte se referme. Le censeur revient vers le surveillant général, pensif.

LE CENSEUR

Pauvre gosse !

LE SURVEILLANT GÉNÉRAL

Eh oui, pauvre gosse ! Mais que pouvons-nous faire ?

LE CENSEUR

Eh oui, que pouvons-nous faire ? Rien. *(Cependant, il sort brusquement et fait quelques pas dans le grand couloir. Là, appuyé contre l'épaisse muraille, Villepontoux sanglote de tout son cœur. Le censeur s'approche de lui et pose une main sur son épaule. Il prend un ton amical, mais romain.)* Allons, mon ami, allons ! Pas de larmes, pas de sensiblerie. Tu es un petit homme, voyons !

VILLEPONTOUX *(avec une brusque fureur)*

Non, je ne suis pas un petit homme, non ! J'ai onze ans.

LE CENSEUR *(un peu moins romain)*

Eh bien, onze ans, c'est quelque chose. Moi quand j'avais onze ans, je ne pleurais pas.

VILLEPONTOUX

Oui, seulement, vous, votre mère, elle n'était peut-être pas remariée.

LE CENSEUR *(plus romain du tout)*

Non, elle était morte. C'est bien plus mauvais, je t'assure... Toi, la tienne, tu la reverras !

VILLEPONTOUX

Ah bien, oui ! *(Fièrement.)* Et même qu'elle est belle, ma mère !

LE CENSEUR

Mais naturellement qu'elle est belle ! Et la mienne, elle n'était pas mal du tout... Ne te désespère pas pour sept pauvres jours de vacances... Dans la vie, tu auras peut-être de grands malheurs... Et puis, il faut bien te dire que ta mère a certainement une grande envie de te voir.

VILLEPONTOUX

Oh oui ! Ça, c'est sûr.

LE CENSEUR

Seulement, il y a quelque chose qui a dû l'en empêcher... Une affaire de famille, un voyage imprévu...

VILLEPONTOUX *(angoissé)*

Pourvu qu'elle ne soit pas malade !

LE CENSEUR

Certainement pas. Son écriture est très nette, très assurée... On n'écrit pas si bien dans un lit... De ce côté-là, tu peux être tranquille... C'est peut-être son mari qui est malade !

VILLEPONTOUX

Ça alors ! ça me ferait plutôt rigoler.

LE CENSEUR

Allons, ne sois pas méchant.

VILLEPONTOUX *(brusquement)*

Je pense à une chose. Cette lettre, vous l'avez reçue aujourd'hui ?

LE CENSEUR

Non, il y a quatre ou cinq jours.

VILLEPONTOUX

Oh ! Alors, elle a peut-être changé d'idée. Parce que moi, je lui ai écrit avant-hier. Je lui ai dit que j'étais premier en version. Je lui ai dit que j'avais mal aux dents, et sûrement ça lui a fait changer d'idée...

LE CENSEUR

Ce n'est pas impossible... mais à ta place, moi, je n'y penserais pas, et j'irais jouer avec mes camarades. Et comme ça, si l'on vient te chercher, tu auras une bonne surprise ! Je te ferai avertir sans perdre une seconde.

VILLEPONTOUX
Merci bien, monsieur le censeur.

LE CENSEUR
Tes dents te font souffrir ?

VILLEPONTOUX
(il a un petit sourire timide et triste)
Non, monsieur. Ce n'était pas vrai. C'était pour qu'elle vienne…

Il s'en va le long du grand couloir, et nous le suivons. Il renifle, il prend son mouchoir, il se mouche. Et puis, tout à coup, il part en courant et fait des glissades sur les grands carreaux de pierre. Il arrive ainsi à l'entrée du passage qui mène à la cour. Sous de hauts platanes effeuillés par l'hiver, il y a déjà une trentaine d'élèves. Un assez grand nombre ont des costumes de sortie. Ils attendent qu'on vienne les chercher. D'autres sont en blouse noire et jouent à divers jeux incompréhensibles. Au milieu de la cour, un répétiteur en chapeau melon, immobile, nous tourne le dos. Ses mains croisées soulèvent les pans de sa redingote. Villepontoux, au passage, choisit un morceau de pain dans la corbeille. Le concierge paraît, son papier à la main, et crie :

LE CONCIERGE

Bondeville, Dobos, Rosselini, Crovetto, au parlouar !

Les appelés arrivent en trombe. Le concierge s'écarte pour les laisser passer. Il parle à Villepontoux, qui a commencé à manger son pain.

LE CONCIERGE

Te gonfle pas avec ce pain... Après, tu auras plus faim pour la dinde et les marrons glacés !

Pour toute réponse, Villepontoux lui tire la langue et lui tourne le dos. Il fait trois pas, s'adosse au mur et continue à manger.
Le concierge va rentrer lorsqu'une balle qui vient du fond de la cour frappe son pied. Il la ramasse et de toutes ses forces il la renvoie vers son point de départ. Par un grand malheur, la balle frappe le chapeau de Philippar, qui surveille les élèves. Le chapeau tombe, Philippar se retourne brusquement. Le concierge a disparu, et dans la zone dangereuse il ne reste plus que Villepontoux, appuyé contre le mur. Philippar, qui porte des lunettes d'une livre, descend vers lui rapidement, son chapeau à la main.

PHILIPPAR *(très digne)*

Monsieur ? Que signifie ?

Il frotte son chapeau avec sa manche.

VILLEPONTOUX

Monsieur, ce n'est pas moi...

PHILIPPAR *(grave)*

Que la parabole décrite par une balle soit passée précisément par le point qu'occupait dans l'espace un chapeau, même le mien, ce n'est pas un événement considérable : je ne veux pas y voir de malice. *(Il regarde son chapeau.)* Il serait au contraire bien étonnant que, le visant, vous l'eussiez frappé. Mais votre faute commence à votre mensonge. *(Villepontoux veut protester.)* Monsieur, ne mentez pas. Dites : « Je ne l'ai pas fait exprès. » Ne dites pas : « Ce n'est pas moi. » Votre mensonge est écrit sur votre figure, il la dégrade. Mettez-vous au piquet.

Villepontoux, résigné, se tourne la face vers le mur et les bras croisés.

PHILIPPAR *(solennel)*

De ma part, ce n'est pas une vengeance. Ce n'est même pas une punition : c'est une leçon. Faites-en votre profit.

Il remet son chapeau, tourne le dos et reprend sa faction.

DANS UN COIN DE LA COUR

Ils sont quatre sous une arcade. Évenos, treize ans, est un gros garçon joufflu, en blouse noire. Thémistocle Georgiadès (douze ans) et son frère Aristote (dix ans). Ils sont vêtus du même pardessus à rayures fort élégant. Pic, un blondinet de onze ou douze ans, mange un croûton.

ARISTOTE

Nous, dans une demi-heure, on sera à la maison.

ÉVENOS *(en blouse)*

Ta famille habite Marseille ?

THÉMISTOCLE

Oui, la grande villa au bout du Prado.

PIC *(en blouse)*

Et alors, pourquoi vous êtes pensionnaires tous les quatre ?

THÉMISTOCLE

C'est les idées de notre père... Il est toujours en voyage, parce qu'il a des comptoirs à Dakar, au Maroc, à Djibouti... Alors à la maison, il ne reste que des femmes.

ARISTOTE

Il y a maman, qui s'appelle Phèdre, la grand-mère Iphigénie, la tante Melpomène, la cousine Antigone, la petite sœur Pénélope et le grand-père Polyphème.

THÉMISTOCLE

Alors, mon père dit que le grand-père et les femmes, c'est pas bon pour élever les garçons, et puis, elles parlent toujours le grec, alors, si on habitait à la maison, on serait les derniers en français…

À côté d'eux, deux garçons, assis en tailleur sur le sol, jouent aux dames. L'un est un beau petit Sénégalais de quatorze ans, l'autre est un autre frère Georgiadès, qui s'appelle Périclès. Debout, et regardant la partie, il y a l'aîné des quatre Georgiadès, quinze ans, qui s'appelle Socrate, et qui a le même costume que ses frères.

SAMBA

Alors, Périclès, tu te décides ?

PIC

Moi, si j'étais lui, je sais bien ce que je ferais !

SAMBA

Toi, tais-toi. C'est défendu de parler. Surtout que je ne suis pas dans une bonne situation ! Ça va mal !

SOCRATE *(en grec)*

Donne-lui ta dame.

Périclès donne sa dame, et Samba a perdu.

SAMBA

Ça ne compte pas ! C'est toi qui lui as dit ! Tu l'as dit en grec pour m'embrouiller !

SOCRATE

Je lui ai dit de se dépêcher parce qu'on va venir nous appeler !

SAMBA

C'est pas vrai ! Tu ne lui as dit que quatre mots !

SOCRATE

En grec, ça suffit !

SAMBA

Le professeur a eu bien raison de dire qu'Ulysse c'est un grand menteur… Et toi, tu es aussi menteur que lui.

On entend la voix du concierge, qui appelle.

LA VOIX

Georgiadès Socrate !

SOCRATE

Tu vois bien qu'on nous appelle !

Son frère et lui partent en courant.
L'appareil passe sur le concierge, qui continue à crier :

LE CONCIERGE

Georgiadès Thémistocle ! Georgiadès Périclès ! Georgiadès Aristote !

Les quatre frères entrent au galop dans le champ par rang de taille et se ruent vers la Noël.

AU FOND DE LA COUR, SOUS LE PRÉAU

Cachés derrière une arcade, il y a deux « grands » qui fument. Ils s'appellent Galubert et Catusse. Galubert est brun, Catusse est blond. Ils baissent la tête pour souffler la fumée vers le sol, et la dispersent en l'éventant d'une main ouverte.

GALUBERT

Alors moi, je lui passe mon bras sur les épaules, et je l'embrasse sur la bouche.

CATUSSE

Comme ça, sans explications ?

GALUBERT

D'autorité. D'ailleurs, je savais où j'allais. *(Il sort de sa poche un beau briquet d'argent.)* Tu vois ce briquet ? C'est elle qui me l'a donné. En me disant : « Ne le montrez pas à la maison. »

CATUSSE

Elle a dû le faucher à son père.

GALUBERT

Naturellement. Mais je n'ai pas posé de question. Imagine-toi que j'ai vu le même dans la vitrine du bureau de tabac, rue Saint-Ferréol. Sur un coussin de velours ! Prix : quarante francs.

Catusse siffle doucement pour exprimer son admiration.

GALUBERT

Alors j'ai compris que c'était du tout cuit, et ça a marché tout de suite. Et depuis, si tu voyais les lettres qu'elle m'écrit ! C'est fou !

CATUSSE

Elle t'écrit ici ?

GALUBERT

Parfaitement : mais sur l'enveloppe elle met : « Expéditeur Madame Veuve Galubert », d'une écriture un peu tremblée, comme si c'était ma grand-mère.

CATUSSE

Tu les as là ?

GALUBERT

J'ai la dernière. *(Il sort une lettre de sa poche et la lit.)* « Mon beau Victor. » Regarde : mon beau Victor. *(Il relit.)* « Mon beau Victor. Papa m'a dit qu'il irait vous chercher au lycée lundi après-midi. »

CATUSSE

C'est la fille de ton correspondant ?

GALUBERT

Oui, c'est un gros transitaire. Avant que mon père soit nommé capitaine des douanes à Dakar, il était à Marseille, et c'est comme ça qu'ils se sont connus. *(Il reprend.)* « Mon BEAU Victor. Papa m'a dit qu'il irait vous chercher au lycée lundi après-midi (c'est après-demain), et qu'il nous permettrait d'aller au cinéma ensemble, comme dimanche dernier. Je pense encore à ce premier baiser dans l'obscurité. C'était DIVIN, avec cette musique, qui me chante encore dans la tête. »

CATUSSE

Divin ? Elle va fort.

GALUBERT

Pas du tout. Avec les guitares hawaïennes, c'était terrible !

CATUSSE

Elle a l'air excitée.

GALUBERT

Oh là là ! Et si tu la voyais, tu ne le croirais pas… Avec tout le monde, elle est GLACIALE. Toujours les yeux baissés : mais avec moi, j'aime mieux te dire que c'est tout différent…

CATUSSE

Et elle est belle ?

GALUBERT *(un peu hésitant)*

Ça, on ne peut pas dire. Ça dépend des goûts… Et puis, elle n'a que quinze ans. Ça peut s'arranger. Mais elle est bien balancée. À son école, c'est la championne du saut en hauteur. Et puis, attends : tu vas voir les détails. *(Il reprend la lecture de la lettre.)* « Mettez votre cravate bleue. C'est celle qui va le mieux avec la couleur de vos yeux. » Tu te rends compte de cette délicatesse dans les sentiments ?

CATUSSE

Tu es formidable !

GALUBERT

Eh, mon cher ! c'est comme ça qu'on les a : avec une cravate. Il faut dire que la mienne est superbe. Je l'ai au dortoir. Je te la montrerai !

ASSIS AU PIED D'UN PLATANE

Il y a deux élèves qui ont des collections de timbres. Autour d'eux, debout, deux ou trois experts assistent aux échanges. Godard a quatorze ans et des lunettes, il parle à un petit Annamite du même âge, qu'on appelle familièrement Macaque. Godard est un Pied-Noir.

GODARD

Tiens, celui-là, je te le donne en plus. Et tu sais, il est très rare, parce que mon oncle est en Abyssinie. Alors, chaque fois qu'il m'écrit j'en ai un. Tiens, garde-le.

MACAQUE

Merci.

GODARD

Et toi, ton père, où est-ce qu'il est ?

MACAQUE *(réticent)*

Loin. Il faut seize jours sur le bateau.

GODARD

Et qu'est-ce qu'il fait ? *(Macaque sourit, mais ne répond pas.)* Moi, le mien, il est courtier en vins, en Algérie. Et le tien ?

MACAQUE *(mystérieux)*

Si tu jures que tu ne le répètes pas, je te le dis. Jure-le !

GODARD

Je te le jure. Croix de bois, croix de fer, si je mens, je vais en enfer.

MACAQUE *(à voix basse)*

Eh bien, mon père, il est roi…

GODARD *(riant)*

C'est pas vrai.

MACAQUE

Je te le dis, mon père, c'est le roi.

GODARD *(prenant un air mystérieux)*

Écoute, mon vieux, je sais que c'est pas vrai. Si ton père était roi, d'abord tu aurais tout le temps des vacances. C'est connu. Les fils de roi, ils ne font rien. Ils se promènent dans les jardins et ils font fouetter les esclaves.

MACAQUE

Moi, je n'ai jamais fait fouetter personne, et mon père non plus.

GODARD

Alors, mon vieux, il est pas roi. Et puis, s'il était roi, tu aurais des timbres tant que tu voudrais ; parce qu'un roi, il peut faire des timbres, parfaitement, mon vieux, c'est permis, il peut en faire tant qu'il en veut, tu ne sais pas ça ?

MACAQUE *(sincère)*

Moi, mon père, il ne fait pas de timbres. En tout cas, je ne l'ai jamais vu.

GODARD *(décisif)*

Alors, il est pas roi.

À ce moment, Agassin, qui a treize ans, passe en courant. Godard l'appelle.

GODARD

Agassin ! Écoute ! Viens ! *(Agassin s'arrête et s'approche.)* Il dit que son père c'est le roi !

AGASSIN

Ayayaïe ! Et le roi de quoi ?

MACAQUE

Le roi de mon pays.

AGASSIN

S'il a une gueule comme toi, ça doit être le roi des macaques !

MACAQUE *(brusquement féroce)*

Toi, si tu viens dans mon pays, je te fais embrocher sur un bambou.

AGASSIN

Si tu me fais embrocher sur un bambou, moi, je te tire un coup de pied au cul ! *(Agassin s'enfuit et crie joyeusement :)* Macaque ! Macaque !

Macaque regarde Godard, longuement, d'un air de reproche. Enfin, il parle.

MACAQUE *(à Godard)*

Tu avais juré !

GODARD

Si c'était vrai, je l'aurais pas dit ; mais, comme c'est un bobard, j'ai le droit de le dire.

MACAQUE

C'est pas un bobard, c'est la vérité. Mon père, il a un palais six fois plus grand que le lycée ; il a cinquante femmes, mon père.

GODARD

Oh, dis donc, qu'est-ce qu'il doit être emmerdé !

MACAQUE

Pourquoi tu dis ça ?

GODARD

Parce que le mien, il s'est remarié avec une danseuse ; il n'a qu'une femme. Mais, alors, mon vieux, elle le fait devenir fou !

SOUS LE PRÉAU

Galubert et Catusse fument toujours.

CATUSSE

Où est le pion ?

GALUBERT

Là-bas.

CATUSSE

Qui c'est ?

GALUBERT

C'est Philippar.

CATUSSE

Alors, cocagne, il n'y voit pas. Tu crois que c'est lui qui va surveiller l'étude ce soir ?

GALUBERT

Naturellement que c'est lui. Tiens, on va lui faire une surprise. *(Il fouille dans sa poche. Pic, qui court après une balle, entre sous le préau.)* Ô Pic ! C'est le cas de le dire : tu tombes à pic ! Viens ici. Tu ne sors pas ?

PIC

Non. Mon correspondant est mort la semaine dernière…

GALUBERT

C'est une bien triste nouvelle et je comprends que tu as besoin de rigoler. Et justement, j'ai ce qu'il faut. *(Il tire de sa poche un carré de carton blanc, assez épais. Ce carton sert de base à une barbe de plume effilée qui le traverse et le dépasse d'un demi-centimètre. Il pose cette étrange combinaison sur sa main, la pointe en l'air, et tend sa main vers Pic.)* Tu vois ça ?

PIC

Oui.

GALUBERT

Tu sais ce que c'est ?

PIC

Oui, c'est un pique-cul.

GALUBERT

Prends-le. *(Pic le prend et l'examine de l'air d'un connaisseur.)* Tu vas aller en douce à la troisième étude et tu le mettras sur la chaise du pion, la pointe en l'air, bien entendu.

PIC *(incertain)*

Et si on me chope ?

GALUBERT *(avec une grande autorité)*

Jamais de la vie.

PIC *(inquiet)*

Mais si quelqu'un me voit ?

GALUBERT *(serein)*

Ça n'existe pas. Est-ce que tu serais un dégonflard ?

PIC

Non, je ne suis pas un dégonflard. *(Un temps.)* Mais toi, pourquoi tu y vas pas ?

GALUBERT *(souverain)*

Parce que ce sont pas des jeux pour mon âge ! Et j'ai eu cette idée pour te distraire de ton chagrin.

PIC

Quel chagrin ? Je m'en foutais de mon correspondant. Ma mère le payait et il ne me sortait qu'une fois tous les deux dimanches, et rien que l'après-midi, pour ne pas m'offrir le déjeuner. C'était un vieil avare, mon correspondant !

CATUSSE
Tu vois comme il est. C'est un dégonflard.

PIC *(indigné)*
Moi, je suis un dégonflard ?

GALUBERT
Pour trouver une excuse, tu insultes un mort !

CATUSSE
Ce n'est pas de ta faute. Les blonds, ça parle, ça parle, et puis quand il faut y aller, ça se dégonfle avec un sifflement horrible !

Il imite le sifflement d'un pneu crevé. Pic, indigné, prend le pique-cul.

GALUBERT
Bravo, Pic. Tu es un homme. Vas-y !

Pic part en courant vers la salle d'étude. On entend au loin les hurlements du concierge.

LE CONCIERGE
Ben Abdallah, Tran Van Huong, Périnelli, Cohen Albert !

LA SALLE D'ÉTUDE

La salle est très grande. Quatre files de bancs d'écoliers à deux places montent vers une chaire surélevée. Le long des murs, des casiers. À droite de la chaire, un tableau noir sur lequel on a dessiné à la craie une grande et broussailleuse caricature de Merlusse.

Sur les pupitres, des cahiers et des livres.

Pic entre, regarde d'abord autour de lui, s'avance vers la chaire et dépose sur la chaise le cruel carton. Comme il va sortir, on entend des voix dans le couloir, il prend la fuite en hâte.

Entre le censeur, suivi de Merlusse.

LE CENSEUR

Vous les réunirez ici à cinq heures. Je pense que vous aurez assez de places... et à sept heures un surveillant d'internat viendra vous remplacer, M. Cernin.

MERLUSSE

Bien.

LE CENSEUR

Avant de vous quitter, je dois attirer votre attention sur le côté un peu spécial, et pour ainsi dire extraordinaire, du service que vous allez assurer jusqu'à sept heures. Remarquez tout d'abord qu'aujourd'hui, veille de Noël, vous aurez la surveillance d'une bonne vingtaine d'élèves, peut-être une trentaine. Plus de la moitié d'entre eux vous quitteront avant sept heures, parce que leurs parents ou leurs correspondants vont venir les chercher. Ceux qui resteront – un résidu de quinze à vingt élèves – vont passer au lycée ces dix jours de vacances. Ce sont d'abord ceux que nous appelons les « petits pays chauds », dont la famille vit très loin d'ici : en Afrique, aux Antilles, ou en Indochine.

MERLUSSE

Je sais : j'ai deux Algériens et un Marocain dans mon étude. Ils étaient absents ce matin.

LE CENSEUR

Nous les avons autorisés à partir ce matin à cause du bateau. En dehors des fils de notables indigènes, nous avons aussi des fils d'officiers ou d'administrateurs des colonies pour qui le voyage serait trop long ou trop coûteux. Secundo – j'attire votre attention sur ce point –, il nous reste aussi quelques élèves dont la mère s'est remariée, ou ne s'est pas mariée du tout, et elle pense, avec raison, que la compagnie des camarades du lycée est meilleure pour son fils que les exemples qu'il pourrait voir à la maison... Il pourrait s'étonner de changer de papa trop souvent. Vous me comprenez. Il y a aussi ceux que l'on tient éloignés de chez eux à cause de quelque tragédie familiale – comme un divorce, une fugue, une faillite... *(Il baisse la voix.)* Vous en aurez un dont le père, banquier, vient d'être victime d'une arrestation, peut-être injustifiée, mais réelle. Ces tragédies familiales, ces enfants les ignorent, ce qui fait qu'ils ne comprennent pas pourquoi ils n'iront pas chez eux comme d'habitude.

MERLUSSE

Je comprends, monsieur le censeur... Je comprends.

LE CENSEUR *(sur le ton d'une conférence)*

Ainsi donc, au lieu d'avoir devant vous, comme d'ordinaire, une quarantaine d'enfants réunis sous votre direction par leur âge semblable et leurs études communes, vous aurez finalement quinze élèves dont l'âge s'échelonne de huit à dix-sept ans, et qui ne seront réunis dans cette étude que par leur infortune.

MERLUSSE

Je comprends très bien.

LE CENSEUR

J'ajoute que ces enfants, momentanément aigris, ne sont pas des plus commodes, et qu'ils vous tiendront, en quelque sorte, pour responsable de leur captivité. Il faudra donc serrer la vis.

MERLUSSE

Je me charge de les tenir.

LE CENSEUR

Je sais, je sais, mais je vous préviens. *(La grande horloge du lycée sonne la demie.)* Maintenant, il est temps pour vous d'aller remplacer M. Philippar qui doit prendre un train pour Avignon.

MERLUSSE

Je vais y aller.

LE CENSEUR

Alors, au revoir, et à la rentrée.

Il lui serre la main, et sort. Merlusse monte vers la chaire et y dépose sa serviette. Puis il regarde sa caricature sur le tableau noir et l'efface.

DANS LA COUR

Il fait un peu plus noir. Au fond de la cour, le préau est éclairé. Il y a déjà beaucoup moins d'élèves. Merlusse sort de l'étude et s'avance vers Philippar qui regarde toujours sa montre.

MERLUSSE

Excusez-moi, mon cher collègue, c'est le censeur qui m'a retardé.

PHILIPPAR

J'étais un peu inquiet à cause de mon train qui part à cinq heures et quart ! Alors, à la rentrée ! *(Il lui serre la main.)*

MERLUSSE

Bonnes vacances !

PHILIPPAR

Merci.

Il s'en va d'un pas pressé. Merlusse s'approche de Villepontoux qui est toujours au piquet, près de la sortie.

MERLUSSE

Qu'est-ce que vous faites là ?

VILLEPONTOUX

C'est M. Philippar qui m'a mis au piquet.

MERLUSSE

Allez donc sous le préau, à la lumière.

VILLEPONTOUX

Monsieur, si ça ne vous fait rien, j'aimerais mieux rester au piquet ici.

MERLUSSE

Pourquoi ?

VILLEPONTOUX

Parce que, comme ça, je suis près de la porte. Si le concierge vient m'appeler pour sortir…

Le concierge sort de l'ombre. Il a encore un papier à la main.

LE CONCIERGE

Cette fois, il y en a un paquet. *(Il hurle. Villepontoux écoute, anxieux.)* Papazoglou, Espinasse, Ballivet, Villeneuve, Fabre Francis, Dervaux, Boussion, au parlouar !

Les élèves passent près de lui en courant ; le jeune Ballivet (onze ans) a frôlé Merlusse.

MERLUSSE

Halte là ! Approchez-vous. Pouvez pas faire attention ? Pouvez pas ôter cette casquette ? Elle est collée, peut-être.

Ballivet ôte vivement sa casquette.

BALLIVET

M'sieu, on m'appelle au parloir.

MERLUSSE

Et après ? Vous n'êtes pas encore parti ! Et si je vous gardais ici un jour ou deux, hein ?

BALLIVET

M'sieu, m'sieu…

MERLUSSE

Allez !… *(Ballivet repart en courant. Sévère.)* Et ne courez pas !

Ballivet s'arrête, puis s'éloigne à pas lents. Mais dès qu'il a tourné le coin, il démarre dans le couloir.

MERLUSSE *(à Villepontoux)*
À la lumière, sous le préau.

Villepontoux obéit, en se retournant plusieurs fois.

DANS LA COUR

Sur la porte des cabinets, il y a une ceinture. Derrière le platane, qui se trouve en face, il y a Collombel, onze ans, qui se cache et qui lance des pierres par-dessus la porte. À la première pierre, une tête ébouriffée jaillit.

Le lanceur de pierres se cache. La tête ébouriffée s'appelle Bérard.

BÉRARD *(indigné)*

Oou ! Je rigole pas, moi, hein ? Tu vas voir un peu tout à l'heure ! Lance encore une pierre et tu vas voir !

La tête disparaît. Le lanceur de pierres en ramasse une poignée, s'approche de la porte, lance sa mitraille et s'enfuit. Comme il va se cacher derrière le platane, la porte s'ouvre brusquement et un petit garçon se précipite en retenant sa culotte d'une main. Il attaque le lanceur de pierres qui hurle et lui prend les cheveux à poignée. À ce moment Merlusse sort de l'ombre.

MERLUSSE

Qu'est-ce que c'est ?

BÉRARD

M'sieu, j'étais au cabinet, et…

MERLUSSE

Reculottez-vous, grossier personnage… *(Bérard se reculotte.)* Votre nom ?

BÉRARD

Bérard.

MERLUSSE

Quelle classe ?

BÉRARD

Troisième A². M'sieu, il m'a jeté des pierres par-dessus la porte.

MERLUSSE *(à l'autre)*

Votre nom ?

LE LANCEUR

Collombel.

MERLUSSE

Classe ?

COLLOMBEL

Cinquième A. M'sieu, c'est pas de ma faute. M'sieu, je l'ai pas fait exprès.

MERLUSSE

Vous lancez des pierres sans vous en apercevoir ?

COLLOMBEL

M'sieu, c'est en courant, avec mon pied…

MERLUSSE

Vous mentez ! Au piquet, là-bas, sous le préau. *(À l'autre.)* Et vous, rompez.

Merlusse regarde autour de lui. On voit une bouffée de fumée qui semble sortir du pilier, là-bas, sous le préau. Il marche aussitôt vers les fumeurs.

SOUS LE PRÉAU

Galubert a toujours son briquet à la main.

GALUBERT

Mon correspondant viendra me chercher à deux heures… Et alors, ce sera une deuxième partie de cinéma.

CATUSSE

Surtout, n'oublie pas la cravate !

Galubert cligne un œil égrillard, en aspirant une grande bouffée de fumée. Merlusse surgit brusquement. Galubert cache sa cigarette derrière son dos et ne respire plus.

MERLUSSE *(glacial)*

Vous fumez ? *(Galubert, qui a la bouche pleine de fumée, remue la tête pour dire non.)* Pouvez pas répondre ? Votre nom ?

GALUBERT *(piteux)*

Galubert. *(Un nuage de fumée sort de ses narines.)*

MERLUSSE

Classe ?

GALUBERT

Première A.

MERLUSSE

Donnez-moi ce briquet. *(Il le met dans sa poche, et se tourne vers Catusse.)*

CATUSSE

Catusse. Première B².

MERLUSSE *(tout en notant leurs noms)*

Vos correspondants vont sans doute vous offrir quelques sorties au cours de la semaine ?

GALUBERT

Le mien vient demain.

MERLUSSE

Voilà un monsieur qui va peut-être se déranger pour rien. Et vous ?

CATUSSE

Moi, ce n'est pas sûr.

MERLUSSE

Non, ce n'est pas sûr. Allez vous asseoir là-bas, sur le banc, à la lumière.

Ils obéissent. On entend des cris et des rires dans un autre coin de la cour. Merlusse écoute, puis se dirige vers les cris.

UN COIN DE COUR

Quelques enfants jouent au tournoi de chevalerie. Deux cavaliers d'un côté, deux cavaliers de l'autre. Un juge du tournoi, qui a bien neuf ans, est au milieu, en observation.

LE JUGE DU TOURNOI

Chevaliers du Moyen Âge, partez !

UN CHEVALIER

Montjoie Saint-Denis !

Les montures s'élancent, les chevaliers se prennent aux cheveux. Merlusse paraît dans la nuit.

MERLUSSE

Qu'est-ce que c'est ? *(Les chevaliers glissent à bas de leur monture.)* Allez sous le préau. Ce jeu de brutes est interdit par ordre de M. le censeur. Allez. *(Les chevaliers du Moyen Âge s'en vont tristement vers le préau. Alors, Merlusse se tourne vers la grande cour sombre, et il crie :)* Je ne veux pas de francs-tireurs dans la nuit ! Tout le monde sous le préau, à la lumière !

Les enfants obéissent lentement, à contre-cœur. D'autres arrivent de divers points de la cour, et se dirigent vers le préau, où Collombel et Villepontoux sont au piquet, les bras croisés.

VILLEPONTOUX

Tu crois qu'il nous laissera sortir, si on vient nous appeler ?

COLLOMBEL

Moi, je te garantis que si ma mère vient, elle viendra me chercher jusqu'ici. Mais ce n'est pas sûr qu'elle vienne aujourd'hui. Parce qu'elle fait du cinéma. Elle tourne un film à Tarascon. Dans ce métier, on ne sait jamais quand on est libre... En principe, elle doit venir, mais ce n'est pas sûr.

VILLEPONTOUX

Moi non plus, ce n'est pas tout à fait sûr...

On entend la voix du concierge qui crie :

LE CONCIERGE

Carcassonne, Delattre, Chavenon, Cordelier, au parlouar !

Les appelés fuient vers l'appel. Les autres arrivent sous le préau, et s'assoient sur le banc en brochette. Merlusse arrive à son tour. Il s'installe, le dos au mur, sous une lanterne, tire un journal de sa poche et le lit. L'appareil part d'un plan rapproché de Merlusse, panoramique sur la gauche en reculant, et découvre Corbeau, puis Agostini et Barrière, qui chevauchent le banc de part et d'autre d'un damier, sur lequel ils disposent les pions avant de commencer la partie. La voix du concierge retentit.

LE CONCIERGE

Agostini, Barrière, au parlouar !

Ils se lèvent, et courent vers l'appel.
L'appareil recule, et découvre Valabrègue. Ben Kadhour et Ben Youssouf.
Ben Kadhour regarde sa montre-bracelet et parle en arabe à son voisin. Il lui dit : « Bientôt 5 heures. Je lui avais dit 4 heures et demie. S'il faut aller en étude avec cet affreux Merlusse, on ne va pas beaucoup s'amuser... »
L'autre hausse les épaules, sort à demi sa langue entre ses dents, et souffle une discrète pétarade vers Merlusse.
L'appareil recule, franchit Dimitriadès, et s'arrête sur Lecoq, Évenos et Godard.

GODARD

Moi, je le connais : je suis dans son étude depuis la rentrée.

ÉVENOS

Eh bien, je te plains.

GODARD

On ne rigole pas du tout !

ÉVENOS

Qu'est-ce que vous devez déguster comme retenues !

GODARD

Il n'a pas besoin d'en donner beaucoup. Si tu fais la moindre des choses, il te regarde fixement, et ça suffit. Tu sens un froid de glace, et tu peux plus bouger…

LECOQ

Penses-tu !

GODARD

Oui, mon vieux, c'est la vérité. Et puis, tu dois sortir, toi, demain ?

ÉVENOS

Non, moi je sortirai peut-être mercredi.

LECOQ

Moi, mon correspondant vient me chercher ce soir à sept heures.

GODARD

Eh ben, mon vieux, pendant l'étude, tiens-toi peinard. Parce qu'à la moindre des choses, tu entends, même si c'est pas vrai, et qu'il se l'imagine… Eh bien, mon vieux, ça y est ! tu ne sors plus.

LECOQ

Même si on vient te chercher ?

GODARD

Même si on vient te chercher. Il te déchire ton billet…

LECOQ *(inquiet)*

Ben, mon vieux… Ça devrait pas être permis.

L'appareil recule, franchit Samba et découvre Bérard, un Annamite, Agassin, Macaque et un autre Annamite.

AGASSIN *(mystérieux)*

À ce qu'il paraît que c'est un élève qui lui a crevé l'œil, au lycée d'Avignon !

MACAQUE

Qui c'est qui te l'a dit ?

AGASSIN

C'est un grand. En lançant des pierres dans la cour, il lui a crevé l'œil. Et depuis, il veut du mal à tous les élèves. S'il pouvait, il les tuerait.

MACAQUE

Ça alors, c'est de la blague. C'est vrai qu'il a quelque chose à un œil. Mais je te garantis qu'il y voit bien. Pendant deux jours, lorsque Picard était malade, il nous a fait les cours de français. Eh bien, mon vieux, le grand Martin lui a fait des grimaces pendant qu'il écrivait au tableau. Eh bien, mon vieux, il l'a deviné. Sans même se retourner, il a dit : « Monsieur Martin, passez à la porte ! »

UN ANNAMITE *(en annamite)*

Tu ne vas pas dire qu'il a un œil derrière la tête ?

MACAQUE *(id)*

Je ne sais pas où il a un œil, peut-être au derrière, mais ce que je te raconte, je l'ai vu !

La voix lointaine du concierge crie des noms, pendant que l'appareil recule, et découvre Falconi, Catusse, Pic et Galubert.

GALUBERT

Un briquet de quarante francs, dans une vitrine, sur un coussin de velours bleu ! Ça mériterait que je dépose une plainte à la police !

CATUSSE

Heureusement, il va partir à sept heures.

PIC

Qui te l'a dit ?

CATUSSE

À la sortie des vacances, c'est toujours comme ça. Il y a un répétiteur jusqu'à sept heures, et après il vient le pion, qui fait le réfectoire et le dortoir.

PIC *(effrayé)*

Alors, c'est lui qui va faire l'étude ?

GALUBERT

Eh oui ! malheureusement... Le plus grave, c'est qu'on lui a mis un pique-cul... On croyait que c'était Philippar qui resterait jusqu'à sept heures... Avec lui, on aurait rigolé... Mais avec cette brute, ça va être une tragédie.

CATUSSE *(ricaneur)*

Ça, je m'en fous. Ce n'est pas moi qui l'ai mis.

GALUBERT

C'est pas moi non plus. C'est Pic.

CATUSSE *(regarde Pic en ricanant)*

Si j'étais toi, je me ferais un brave mauvais sang.

Pic est sur le point de pleurer, et il se révolte.

PIC

C'est toi qui m'as dit de le mettre !

FALCONI *(à Galubert)*

S'il y a du pétard, tu devrais te dénoncer.

GALUBERT

Moi ? Jamais de la vie !

FALCONI

Tu ne lui as rien dit ?

GALUBERT

« Dire », c'est une chose, mais « faire », ça en est une autre. C'est dans le code pénal ! « *Is fecit cui prodest.* » Ce qui signifie : « Le coupable, c'est celui qui l'a fait ! »

Le menton de Pic commence à trembler.

FALCONI

Pleure pas, personne le sait que c'est toi.

GALUBERT

Personne ne le sait, mais c'est facile à deviner. Et j'ai peur que Merlusse devine tout de suite !

PIC *(effrayé)*

Pourquoi ?

GALUBERT

À cause de ton nom. Pic, c'est toi, et cul, c'est le sien.

PIC *(désespéré)*

Oh ! mais moi je lui dirai que c'est toi qui m'as forcé. J'en ai jamais mis, moi, des pique-culs. À personne, jamais !

CATUSSE

Eh ben ! Pour le premier, tu n'as pas de chance.

MACAQUE *(qui s'est approché)*

Moi, si cet homme vient dans mon pays, je le fais embrocher sur un bambou.

GALUBERT

Oui, mais ton bambou, il est loin. Tandis que le pique-cul, il est là-bas, sur la chaise, la pointe en l'air… C'est ça le drame de notre pauvre ami… *(Pic sanglote.)*

CATUSSE

Va, pleure pas… On dit ça pour rire ! Il ne peut pas le savoir que c'est toi ! Et personne ne le lui dira… Attention, le voilà !

Merlusse, en effet, s'approche à grands pas. Ils attendent, muets, le dos rond.

MERLUSSE

Que se passe-t-il ? Pourquoi pleurez-vous ?

Pic essaie de parler, mais ses sanglots l'empêchent de dire autre chose que : « M'sieu, m'sieu… C'est la première fois, M'sieu… » Galubert intervient vivement.

GALUBERT

Monsieur, il pleure parce que c'est la première fois que son correspondant ne viendra pas le chercher.

CATUSSE *(ému)*

Il est mort, son correspondant... Il l'aimait beaucoup, et alors...

GALUBERT

Pleure pas, Pic... C'est la loi de la nature. Tu en auras un autre de correspondant...

Pendant cette dernière réplique, le tambour roule.

MERLUSSE

En rangs ! Les plus grands devant, les petits derrière. *(La manœuvre a lieu. Merlusse s'efface et dit :)* Allez !

La colonne descend dans la cour sombre et marche vers l'étude qui est éclairée.
La traversée de la cour étant trop longue, on peut mettre ici un gros plan du pique-cul sur la chaise, et enchaîner sur l'entrée des élèves dans l'étude.

L'ÉTUDE

Merlusse entre le premier. La colonne fait halte sur le seuil. Merlusse va se placer debout près de la chaire. Il dit : « Allez ! » Les élèves entrent, et chacun se dirige vers sa place. Quelques-uns, qui appartiennent à cette étude, vont à leur casier. Merlusse surveille l'installation et, comme Galubert et Catusse se dirigeaient vers le banc placé le plus loin de la chaire, il les arrête.

MERLUSSE

Galubert et Catusse, au premier rang, devant la chaire. *(Penauds, ils vont à la place indiquée.)* Et maintenant, messieurs, au travail.

Tous s'assoient. Les élèves en blouse noire ont des cahiers et des livres. Ceux qui ont leur habit du dimanche n'ont rien. Ils attendent et, de temps à autre, ils tournent leur visage anxieux vers la porte. Merlusse se promène. Il s'arrête devant Lecoq qui ne travaille pas.

MERLUSSE *(inquiétant)*

N'avez rien à faire ?

LECOQ

M'sieu, je vais sortir.

MERLUSSE *(lentement)*

En êtes-vous sûr ? *(Silence. L'élève baisse la tête.)* Tâchez de faire quelque chose, sinon vous ne sortirez pas.

L'élève prend un livre à son voisin et fait semblant d'étudier. Un grand silence. Merlusse se promène.

DANS LE COULOIR

Trois grands élèves descendent l'escalier qui va aux dortoirs. Ils sont habillés pour sortir. Ils ont de petites valises à la main, et ils sautent les marches trois par trois. Un retardataire qu'on ne voit pas se penche là-haut sur la rampe.

LE RETARDATAIRE *(criant)*
Bourrély ! Attends-moi !

BOURRÉLY *(répond tout en courant)*
Je peux pas ! Mon train est à cinq heures et demie.

Au bas de l'escalier, pour briser leur élan, ils vont s'aplatir contre le mur d'en face. Puis, d'un pas rapide, ils s'en vont le long du couloir désert. Ils passent près de la porte de l'étude où règne Merlusse : elle est entrebâillée ; un rayon de lumière éclaire les dalles noires et blanches du couloir. Ledru s'arrête.

LEDRU
Qu'est-ce c'est que ça ?

BOURRÉLY *(risque un œil au trou de la porte)*
C'est l'étude de Noël, parbleu...

GRICHA

Qui c'est qui la fait ?

BOURRÉLY

C'est Merlusse.

LEDRU

Merlusse ? *(Gravement.)* On ne peut pas partir sans lui dire adieu. Ça serait une grossièreté ! Attention !

Il entrouvre légèrement la porte. Tous trois se penchent en avant. Puis, à voix basse, Ledru compte : « Un, deux, trois. » *À trois, ils hurlent :* « Ça sent la morue ! » *Ils détalent, avec leurs pardessus flottants, dans une course vertigineuse. La porte de l'étude s'ouvre toute grande. Dans un flot de lumière, Merlusse paraît. Il regarde à gauche et à droite. Au bout du long couloir, les trois silhouettes viennent de disparaître. Merlusse demeure un instant immobile. Dans l'étude qu'il vient de quitter un instant, un mugissement collectif retentit, dominé par de violents accords d'harmonica.*

Dans chaque vantail de la porte, à hauteur d'homme, il y a un trou rond, pour permettre au surveillant général de constater la présence d'un répétiteur ou d'un surveillant. Merlusse y applique son œil, puis entre sans hâte. Silence. Devant lui, vingt dos studieux, des nuques penchées sur des livres ou des cahiers. Il remonte vers la chaire et s'arrête au passage devant Catusse. Il le prend par l'épaule, le sort du banc, plonge sa main sous le pupitre et en tire l'harmonica.

MERLUSSE

Ce petit air de musique compromet grandement vos sorties pendant les vacances... Au piquet.

Il montre le coin près de la chaire. Catusse va s'y placer, les bras croisés. Merlusse remonte vers la chaire, lorsque la porte s'ouvre de nouveau et la face oblique du concierge paraît.

LE CONCIERGE *(crie)*

Corbeau, Dimitriadès, Comiti, Ferdinand, au parlouar !

Les appelés se lèvent en hâte et se ruent vers la porte, la voix dure et froide de Merlusse les arrête net.

MERLUSSE

Qu'est-ce que c'est ? Allez vous rasseoir immédiatement ! *(Tous regagnent lentement leurs places.)* Appelez-moi le concierge.

L'élève qui est le plus près de la porte se lève et sort. Il rentre, suivi du concierge. Le concierge n'aime pas Merlusse, et ça se voit. Il s'avance, insolent, la casquette sur la tête.

MERLUSSE *(brutal)*

Ôtez votre casquette, sinon je l'ôterai moi-même. *(Le concierge se découvre.)* Vous ne pouvez pas venir jusqu'à la chaire m'apporter les billets de sortie ? *(Le concierge lui apporte les billets.)* Allez-vous-en. *(Le concierge s'en va. Merlusse se promène un moment, les billets à la main. Enfin, il se décide :)* Corbeau, au parloir. *(Il lui donne son billet : Corbeau se lève, il s'élance.)* Sortez sur la pointe des pieds. *(Corbeau sort sur la pointe des pieds. Il ouvre et referme la porte comme celle d'une chambre de malade.)* Dimitriadès, Comiti, Ferdinand.

Ils vont, les uns après les autres, prendre leur billet et sortent, sur la pointe des pieds. Merlusse fait encore une fois le tour de la salle, puis il monte à la chaire. Galubert et Catusse échangent des regards inquiets. Merlusse, debout, regarde un instant toute l'étude sur laquelle plane un silence profond. Pic cache ses yeux derrière une main tremblante. Merlusse va s'asseoir. Soudain, il se lève de nouveau et repousse sa chaise en arrière, puis il redescend de la chaire et jette au passage un coup d'œil vers son siège. Sur la chaise, il n'y a rien. Comme si de rien n'était, il fait une fois le tour de l'étude. Sur un pan de sa jaquette noire, on voit le carré de papier blanc : le pique-cul est planté dans l'étoffe. Après son passage, les élèves relèvent les yeux et voient : ils baissent aussitôt la tête en poussant le coude du voisin. Si bien que, lorsque Merlusse a fini son périple et qu'il va remonter à la chaire, il plane sur toute l'étude une atmosphère chargée d'angoisse et de rigolade. Pic ne semble pas sentir le côté comique de l'affaire, il est blême, il respire à peine et ses lèvres remuent en silence comme s'il répétait passionnément une très importante leçon. Merlusse gravit les degrés de l'estrade. Il s'assoit. Cette fois, il ne rebondit pas, mais son visage rougit et se crispe. Sa main disparaît derrière son dos : quand elle remonte elle tient entre deux doigts le pique-cul. Toutes les têtes sont penchées vers les cahiers. Merlusse, lentement, et avec une solennité ridicule :

MERLUSSE

À la veille de la Nativité, je remercie celui d'entre vous qui a eu la gentillesse de m'offrir mon petit Noël. Voilà une attention délicate que je n'oublierai jamais.

Un grand silence. Le concierge entre. Il se découvre et va jusqu'à la chaire. Il tend à Merlusse des billets de sortie.

MERLUSSE

Gika, Plumet, Liron, Valabrègue.

Les élèves viennent prendre leurs billets et sortent gravement. Et l'étude continue, silencieuse, triste, inutile. Cependant, on entend au loin une grande rumeur, une grande rumeur qui se rapproche peu à peu. Godard écrit sur une feuille de papier : « Le monôme... Ils viennent conspuer M. » *Il la glisse vers Macaque, qui écrit à son tour :* « C'est mauvais pour nous », *et repousse la feuille vers Godard. Silence. On entend la rumeur qui grandit. Ce sont des cris d'enfants et de jeunes hommes, des rires et des chants dont l'ensemble n'est pas très réussi. Merlusse tend l'oreille. La rumeur grandit toujours. Le monôme est arrivé sous les fenêtres du lycée. Il y a un silence. Puis, un chœur s'élève, bien rythmé cette fois.*

LE CHŒUR

Conspuez Merlusse ! Conspuez Merlusse ! Conspuez ! Conspuez Merlusse ! Conspuez Merlusse ! Conspuez !

MERLUSSE

Ainsi, pour la fête des Saturnales, il était permis aux esclaves de se moquer de leurs maîtres ; mais il n'était pas défendu aux maîtres de les fouetter le lendemain.

Puis une puissante voix crie : « Silence ! » *Le chœur se tait. La voix crie de nouveau :* « Qu'est-ce que ça sent ? » *Après un très court silence, trois cents voix répondent :* « Ça sent la MORU-U-U-U-U ! »

Alors, Collombel ne peut retenir un éclat de rire. Merlusse le regarde, calme.

MERLUSSE

Vous riez, monsieur ? C'est une grande imprudence, car ceux qui croient m'offenser sont dans la rue, mais vous, vous êtes ici : je pourrais vous considérer comme un otage et vous garder ici ce soir.

Le chœur s'éloigne en conspuant Merlusse, puis la porte s'ouvre et M. le censeur paraît.

LE CENSEUR *(de la porte)*

Monsieur Blanchard, un mot, je vous prie…

M. le censeur sort de nouveau. Merlusse se hâte. Il sort. Dans le couloir, appuyé contre un mur, on découvre M. Cernin. C'est le surveillant d'internat. Il renifle, il a les yeux rouges. M. le censeur a l'air gêné. Il parle à Merlusse très amicalement.

LE CENSEUR

Voici, mon cher ami, un contretemps extrêmement grave. M. Cernin, qui devait vous remplacer à sept heures…

MERLUSSE

Qui devait ?

LE CENSEUR

Cet imparfait est malheureusement de mise, car M. Cernin vient de recevoir un télégramme fort douloureux : son père est mort…

M. Cernin tend le télégramme ouvert à Merlusse, qui le parcourt des yeux.

MERLUSSE *(à M. Cernin)*

C'est bien vrai ?

CERNIN

Oh ! Monsieur Blanchard !…

MERLUSSE

Excusez-moi. Je vous le demandais, parce que, quand j'étais surveillant d'internat, ce truc-là, je l'ai vu faire. Malheureusement, je crois que vous me dites la vérité… *(Un temps.)* Monsieur le censeur, je suis à votre disposition.

LE CENSEUR

À ma disposition, jusqu'à quand ? Je vais vous dire : M. Cernin devait faire l'étude de sept à huit, le réfectoire et le dortoir… Or, si M. Cernin s'en va tout de suite, je n'ai personne sous la main jusqu'à demain matin. Tout le monde est parti. Il ne reste que vous et moi.

MERLUSSE

Oui, évidemment…

LE CENSEUR

Si nous voulons que M. Cernin puisse aller auprès de sa mère qui est évidemment au désespoir, il faut nous partager le service. On pourrait envisager par exemple…

MERLUSSE

Monsieur le censeur, la chose est bien simple. Je vais faire l'étude jusqu'à huit heures.

LE CENSEUR

Merci.

MERLUSSE

Je conduirai les élèves au réfectoire. Là, vous viendrez me remplacer pour une demi-heure, le temps d'aller dîner en ville, et je reviendrai faire le dortoir. Qu'en pensez-vous ?

Le visage du censeur s'éclaire. Il avait peur d'être forcé de surveiller le dortoir, ce qui n'est pas digne d'un censeur. Il serre la main de Merlusse avec une reconnaissance distinguée.

LE CENSEUR

Je pense que vous me rendez un grand service. Vous savez que vous n'y êtes pas obligé ? Vous avez le droit absolu de vous en aller à sept heures.

MERLUSSE

Je sais, monsieur le censeur, mais puisqu'il le faut… Et puis, ça me rappellera mon jeune temps. Quand j'étais maître d'internat au lycée de Digne…

Le censeur et M. Cernin s'en vont. Merlusse les regarde partir.

En étude, Catusse, qui est toujours au piquet, se retourne et, dans un chuchotement irrité, il dit :

CATUSSE

Un petit mugissement !

L'étude entière mugit en regardant la porte. Merlusse entre d'un bond. Silence. Il ferme la porte sans leur tourner le dos. Il s'avance vers la chaire et s'adresse à Catusse.

MERLUSSE

Monsieur Catusse, allez vous asseoir, et copiez-moi le verbe mugir.

CATUSSE *(les bras croisés)*

M'sieu, c'est pas moi. Je vous assure, m'sieu.

MERLUSSE

Allez vous asseoir, et copiez-moi DEUX fois le verbe mugir.

CATUSSE

M'sieu, c'est tout le monde qui a mugi.

MERLUSSE

Allez vous asseoir, et copiez-moi TROIS fois le verbe mugir. Si vous insistez, nous y ajouterons un complément de lieu, et un adverbe.

Catusse, accablé, va s'asseoir. Merlusse monte à la chaire. Avant de s'asseoir, il parle.

MERLUSSE

J'ai le plaisir de vous annoncer que c'est moi qui surveillerai le dortoir cette nuit.

On n'entend plus que les plumes qui grattent le papier, et, de temps en temps, la page d'un livre.

EN VILLE

Dans l'entrée d'un bel immeuble, Ballivet et sa mère appellent l'ascenseur.
Dans un salon, deux hommes sont assis de part et d'autre d'une table basse, près d'un chariot de bar chargé de flacons et de bouteilles. L'un des deux est gras et barbu. L'autre, qui a la quarantaine, porte un complet de bonne coupe.

LE GROS MONSIEUR
(il a des papiers à la main)

Cher monsieur Ballivet, il faut bien vous rendre compte que c'est une affaire considérable.

M. BALLIVET

Je le sais. Je dirai même que c'est l'affaire de ma vie. C'est pourquoi je trouve que trente pour cent des actions d'apport, c'est nettement insuffisant.

LE GROS MONSIEUR

Mais, mon cher, rendez-vous compte des frais énormes que nous allons avoir pour l'installation des usines !... Vous, vous apportez vos brevets et votre compétence ; d'accord. Mais l'argent ? Qui est-ce qui apporte cinquante millions ?

M. BALLIVET *(qui tend l'oreille)*

C'est lui !

LE GROS MONSIEUR *(tressaille)*

Mais, jamais de la vie, ce n'est pas lui ! Ce n'est pas Rebstock ! C'est moi, c'est ma banque !

M. BALLIVET *(se lève)*

Je veux dire que c'est mon fils !

LE GROS MONSIEUR *(stupéfait)*

Vous avez un fils qui apporte cinquante millions ?

M. BALLIVET *(rit)*

Pas du tout. Il a dix ans. Je veux dire qu'il vient d'arriver... Et le voilà !...

En effet, le petit Ballivet entre tout à coup, et saute au cou de son père. Il est radieux.

LE GARÇON
Tu as vu mon bulletin trimestriel ?

LE PÈRE *(montre une enveloppe sur le coin du bureau)*
Il est là, mais je n'ai pas encore osé l'ouvrir !

LE GARÇON
Eh bien, tu as bien tort ! Je suis troisième en version… et en calcul, premier !

Sa mère est entrée, souriante.

LA MÈRE
Et second en récitation !

Le père ouvre fébrilement l'enveloppe du bulletin trimestriel.

LE PÈRE *(triomphalement, à la mère)*
Qui avait raison ? *(Il se tourne vers le barbu.)* À la maison, il était insupportable. L'enfant gâté dans toute son horreur. Au lycée, il ne faisait rien, vingt et unième en calcul sur trente, vingt-cinquième en français. Oui, monsieur. *(Le barbu écoute avec une parfaite indifférence, puis un peu d'impatience.)* Et quand j'ai décidé qu'il serait pensionnaire, Madame en a fait une maladie, et le grand-père m'a appelé

bourreau d'enfants ! Et le résultat, le voilà ! Il est là ! *(Il frappe sur le bulletin trimestriel.)*

LE GARÇON

Et le train électrique, où est-il ?

LE PÈRE

Il est ici, mais si ton bulletin avait été mauvais, tu ne l'aurais jamais vu ! Je l'aurais renvoyé au magasin.

LE GARÇON

Eh bien, où est-il ? Papa, fais-le-moi voir ! Où est-il ? Maman, où est-il ?

LE PÈRE

Viens ! Viens, avec ton bourreau !

Toute la famille sort. Le gros monsieur boit son verre, ramasse ses papiers, hausse les épaules et sort sur la pointe des pieds.

DANS UN COULOIR DU LYCÉE

Les enfants en rangs suivent le couloir qui mène au réfectoire. Ce couloir est long, les voûtes sont hautes, les échos lointains. Merlusse marche en serre-file. Ils descendent un large escalier mal éclairé.

LE RÉFECTOIRE

Les enfants entrent dans le grand réfectoire vide. Il n'y a que deux lampes qui sont allumées pour l'économie du « dépensier ». Les enfants vont s'asseoir, en silence toujours. Ils attendent. Le concierge se précipite. Il a un col très haut et une cravate énorme. Il est en habit du dimanche. Ce col l'étrangle. Il apporte les plats, tous à la fois, en grande hâte, et il les jette sur la table. On entend Merlusse qui se promène dans l'ombre. De temps à autre, il apparaît dans le cercle de lumière. Le concierge s'approche de lui.

LE CONCIERGE
M'sieu, je peux m'en aller ?

MERLUSSE
Où ?

LE CONCIERGE
Pour sortir, quoi. Je suis de sortie.

MERLUSSE *(sec)*
Moi, je ne sors pas. Ceux qui sont ici ne sortent pas.

LE CONCIERGE
Oui, mais moi, je sors. Je suis invité à dîner.

MERLUSSE *(sarcastique)*
Un dîner sans doute officiel ?

LE CONCIERGE
Pour ainsi dire, oui, parce qu'on va s'en mettre jusque-là ! Un dîner de Noël.

MERLUSSE
Et celui-là, ce n'est pas un dîner de Noël ? Vous devez rester jusqu'au dessert.

LE CONCIERGE
Il est déjà sur la table. J'ai servi tout à la fois.

MERLUSSE
Allez remettre au chaud ces plats. Quittez ces manchettes et ce col qui va vous étouffer. Reprenez votre tablier, et faites votre service.

GALUBERT *(à voix basse)*
Il faut toujours qu'il engueule quelqu'un.

Il prend le plat de hors-d'œuvre, sert Falconi, puis veut servir Villepontoux, qui retourne son assiette.

VILLEPONTOUX
Non, je n'ai pas faim…

GALUBERT
Allez zou, force-toi !

GODARD

Il se réserve pour le réveillon !

CATUSSE

Tu crois qu'on va venir te chercher ?

VILLEPONTOUX

Non, je ne le crois pas. C'est trop tard. Je n'ai pas faim, voilà tout. Quoique… avec ma mère, on ne sait jamais…

Une forte commère paraît sur la porte. Elle est en tenue de gala. Longs gants noirs et chapeau à plume.

MERLUSSE *(sévère)*

Madame ?

LE CONCIERGE

C'est Nathalie, c'est ma femme ! Quand elle est habillée, on dirait la femme d'un proviseur ! *(À Nathalie.)* Qu'est-ce qu'il y a ?

NATHALIE

M. le censeur m'envoie dire qu'il y a une dame au parloir qui vient chercher son petit garçon…

Villepontoux se lève aussitôt.

MERLUSSE

Quel nom ?

NATHALIE *(réfléchit, inquiète)*

Ça y est ! Je l'ai oublié ! Oh moi ! pour les noms propres, ma tête, c'est une passoire. Attendez.

Elle ferme les yeux, le menton piqué en avant.

VILLEPONTOUX *(s'avance)*

Elle est blonde ? C'est une dame blonde ?

NATHALIE

Oui, elle est blonde…

VILLEPONTOUX

Elle est jolie ?

NATHALIE

Oh oui ! elle est belle.

VILLEPONTOUX

C'est ma mère !

Il s'élance.

NATHALIE

Comment tu t'appelles ?

VILLEPONTOUX

Villepontoux.

Nathalie, perdue, réfléchit intensément.

COLLOMBEL

Moi aussi, elle est blonde ma mère. Et elle a été Miss France.

MERLUSSE

Votre nom ?

COLLOMBEL

Collombel.

NATHALIE *(triomphale)*

C'est ça ! Collombel ! Dépêche-toi ! *(Elle se tourne vers son mari.)* Et toi, tu viens quand ?

MERLUSSE

Quand il aura fini son service.

LE CONCIERGE

Allez, tire-toi.

Villepontoux, qui retient ses larmes, regarde sortir Collombel, et va se rasseoir. Un temps. Le censeur entre, il va vers Merlusse et lui serre la main.

LE CENSEUR

Allez dîner, mon cher collègue, je les garderai le temps qu'il vous faudra.

MERLUSSE

Merci, monsieur le censeur.

Merlusse s'en va. Dès qu'il est sorti, le censeur se tourne vers les enfants.

LE CENSEUR

Mes enfants, il n'est pas défendu de parler.

Il s'éloigne, faisant des aller et retour jusqu'au fond du réfectoire.

GALUBERT

Heureusement que Merlusse est parti. Rien que de voir sa gueule, ça me coupait l'appétit !

GODARD

Il est parti, mais il va revenir.

PIC *(inquiet)*

Mais pourquoi c'est lui qui va faire le dortoir ?

GALUBERT

Tu n'as pas compris ? C'est parce qu'il l'a demandé au censeur. C'est cette piqûre au cul qui lui a mis la rage au cœur. Alors, il veut se venger.

MACAQUE

Et qu'est-ce que tu crois qu'il va nous faire ?

CATUSSE

Oh ! il n'étranglera personne... Seulement d'habitude, pour la nuit de Noël, le pion nous permettait de parler, de chahuter un peu... L'année dernière, on s'est battus à coups de traversins.

GALUBERT

C'était Girard qui nous surveillait. Il nous avait permis de fumer !

GODARD

On avait même fait un concours de pets !

GALUBERT

Eh ben, mon vieux ! que personne ne s'amuse à péter cette nuit, parce qu'il est capable de nous boucler tous demain toute la journée !

CATUSSE

Et il faudra copier cinq fois le verbe péter.

GALUBERT

Avec un adverbe et un complément de lieu.

FALCONI

C'est drôle, cette viande. Qu'est-ce que c'est ?

AGASSIN

Ça vous graisse les gencives.

GODARD

On dirait du veau.

GALUBERT *(en examine un morceau à la pointe de sa fourchette)*

Si j'étais vétérinaire, je pourrais vous dire de quoi il est mort.

SAMBA

Mangez les pommes de terre. Elles sont froides, mais elles sont bonnes…

GALUBERT

Elles sont bonnes, mais il y en a plus que trois…

LE CENSEUR

Le garçon est allé en chercher.

CATUSSE

En ce moment, il y en a qui font le souper, les treize desserts. Et le nôtre de dessert, le voilà !

Il montre dans le compotier quelques biscuits.

AGASSIN

Mais moi, tout à l'heure, je vais vous faire la surprise. Ma mère m'a envoyé une boîte de dattes.

Il montre une boîte de dattes qui était cachée dans la poche de sa veste, sous la blouse.

GODARD

Elle est bien plate.

AGASSIN

C'est des dattes de Tunisie ! J'ai fait le compte : il y en aura trois pour chacun…

GALUBERT

Ça fait pas les treize desserts, mais ça en fait déjà deux !

FALCONI *(se frappe le front)*

Que je suis bête !

GODARD

Prouve-le !

FALCONI

Au dortoir, dans ma valise, j'ai un pot de pâté de merles que ma mère m'a envoyé, et j'ai oublié d'aller le chercher !... On le mangera demain à midi.

AGASSIN

Il est gros, ce pot ?

FALCONI

Non, pas bien gros... Mais c'est tellement bon !... Tu comprends, les merles des Agriates, ils ne mangent que du myrte et du genièvre... Alors, tu en mets gros comme ça sur un bout de pain, tu le manges, et tu vois Vizzavona.

Il a les larmes aux yeux.

GALUBERT

Oou ! Pleure pas !... Je ne sais pas si nous verrons Vizzavona, mais n'oublie pas de descendre le pot !

À ce moment le concierge reparaît, avec un grand plat de pommes de terre dorées. Toute la tablée applaudit. Ce plat en gros plan est fondu sur un autre plat de la même taille, qui supporte une énorme dinde rôtie, et les applaudissements continuent. Nous sommes chez les Georgiadès.

CHEZ LES GEORGIADÈS

Derrière la dinde rôtie, le grand-père Georgiadès, au bout de la table, est debout. Il ressemble au Moïse de Michel-Ange, mais il tient dans sa main droite un grand couteau à trancher, dans sa main gauche une lourde fourchette de rôtisseur.

Sur la table, il y a treize compotiers dans lesquels brillent les treize desserts, et un très riche service de verres et d'assiettes.

Tout autour de la table, la famille : la grand-mère, la mère, le père, un oncle et les quatre frères. Derrière le vieillard, un grand arbre de Noël. Aristote est assis à côté de son grand-père, qui a fait un petit discours en grec, pour appeler la bénédiction de Dieu sur la famille, et il finit en disant (toujours en grec) : « La seule chose que je regrette, c'est qu'Aristote » *(il le montre du doigt)* « parle si mal le grec. » *Il ajoute en français* : « C'est-t-honteux. »

ARISTOTE

C'est vrai que je ne sais pas bien le grec : mais en français, on ne dit pas : « C'est-t-honteux. » On dit : « C'est honteux », voilà comme on dit !

Toute la table rit et applaudit, tandis que le grand-père attaque la dinde.

AU RÉFECTOIRE

SAMBA

Moi, ce qui me fait de la peine, c'est de manquer la messe de Noël. Tu comprends, j'ai été élevé à la mission catholique. Alors, les cantiques de la Noël, je les sais tous…

GALUBERT

C'est pour ça que tu fais ta prière tous les soirs au dortoir ?

SAMBA

Bien sûr. Après, je peux dormir tranquille. Tiens, je vais vous dire un secret. Un secret un peu rigolo, mais quand même un grand secret.

GODARD

Un secret rigolo, c'est rare.

SAMBA

Eh bien, après le baccalauréat, je veux aller au séminaire... Je veux être prêtre.

GODARD

Sans blague ?

SAMBA

C'est la vérité.

GODARD *(consterné)*

Et tu dis que c'est rigolo ?

SAMBA

Oui. Parce que... Quand je serai prêtre... *(Il pouffe de rire.)* Je veux être un Père Blanc. *(Il rit de tout son cœur.)* C'est vrai !

GODARD

Tu crois que c'est possible ?

SAMBA

Bien sûr ! À la mission, il y en a deux !

GALUBERT

Eh bien, té ! pour ce réveillon, on aura rigolé au moins une fois !

SAMBA

Quand je l'ai dit à ma mère, elle a ri autant que toi, et elle m'a dit : « Tu vas avoir l'air d'une mouche tombée dans du lait. » Et moi, je lui ai répondu : « Quand une mouche tombe dans du lait, elle se régale. »

DANS UNE RUE DE MARSEILLE

Merlusse marche d'un pas pressé, tout en mangeant un sandwich. Il porte une vieille valise plate.

AU LYCÉE

Dans un grand dortoir vide, la porte s'ouvre, les élèves entrent. Les plus petits portent leur valise. Les grands sont dans leur dortoir et vont vers leurs lits. Les autres choisissent parmi ceux qui sont faits, car un certain nombre de matelas sont nus. Le censeur surveille le coucher. Il regarde sa montre. Merlusse paraît.

MERLUSSE

Je suis un peu en retard, monsieur le censeur, excusez-moi… J'ai dû passer chez moi pour prendre mes affaires de toilette et pour dîner, et comme j'habite assez loin…

LE CENSEUR

Ne vous excusez pas : c'est moi qui vous remercie de votre obligeance.

MERLUSSE

À quelle heure le réveil demain matin ?

LE CENSEUR

Ma foi, pour le jour de Noël, il ne peut être question de les réveiller à six heures... Mettons huit heures...

MERLUSSE

Bien...

LE CENSEUR

Mettons neuf heures... Mettons... Quand ils se réveilleront, voilà tout. Bonsoir, et merci. Bonne nuit, mes enfants !

Il va sortir, puis il revient à Merlusse.

LE CENSEUR

Votre cabinet de toilette est là. La première porte à droite.

MERLUSSE

Merci, monsieur le censeur.

Le censeur sort. Merlusse entre dans la cabine de toile blanche où se trouve son lit, y dépose sa valise, son chapeau, son pardessus, et il ressort. Villepontoux est assis sur le premier lit près de la porte et ne se déshabille pas.

MERLUSSE

Eh bien ? Qu'attendez-vous ?

Villepontoux commence à dénouer les lacets de ses souliers. Merlusse descend tout le long des lits. Sur le troisième, Samba agenouillé fait sa prière, les coudes sur le couvre-pieds. Merlusse va jusqu'au dernier lit, puis remonte. Pendant ce temps, Villepontoux a quitté son veston qu'il a mis bien en évidence sur ses couvertures, se glisse dans son lit sans se déshabiller et tire le drap jusqu'à son menton, pour cacher sa cravate. Merlusse entre dans sa cabine.

Fondu au noir.

AU DORTOIR

Le jour se lève. Les enfants dorment toujours. Au-dehors, sur le grand balcon, passe le concierge qui ouvre les volets et, chaque fois, un rectangle de lumière éclate sur les carreaux rouges. Tout à coup, Merlusse sort de sa cabine. Il est en pyjama. Il porte dans une main un rasoir, dans l'autre, une serviette, un blaireau, du savon. Il traverse le dortoir. Il sort. Alors, Pic s'assoit sur son lit. À mi-voix, il appelle son voisin.

PIC
Évenos ! *(Évenos ouvre les yeux, lève la tête.)* Évenos ! Il est sorti !

ÉVENOS

Je l'ai pas entendu.

Un carillon lointain joue un vieux noël.

PIC

Tu entends les cloches ?

Ils écoutent un instant.

PIC

Il avait des pantoufles… Il est allé au lavabo, avec sa serviette. Qu'est-ce qu'on fait ?

ÉVENOS

Moi, ça m'embête de m'éveiller, parce que ça m'a coupé mon rêve.

PIC

Moi, j'aimerais mieux être dans la cour.

VILLEPONTOUX

Tu crois qu'on a le droit de se lever ?

ÉVENOS

Ça, j'en sais rien. On peut toujours essayer, on verra bien !

Villepontoux sort de son lit. Il serre sa cravate, puis va prendre un de ses souliers et veut se chausser : comme il en relâche le lacet, il paraît surpris et en retire un écrin noir, qu'il ouvre : c'est un stylographe.

VILLEPONTOUX *(à Évenos)*

Regarde un peu ce qu'on a mis dans mon soulier ! Un beau stylo – avec une plume en or ! Ça, c'est ma mère qui me l'a envoyé !

ÉVENOS

Et qui est-ce qui l'a apporté ?

VILLEPONTOUX

C'est le concierge... Elle a dû arriver très tard, on lui a dit que c'était fermé. Et alors, elle a dit : « Mettez toujours ça dans son soulier : il comprendra que je viendrai demain matin ! »

ÉVENOS

C'est bien compliqué, ce que tu racontes !

VILLEPONTOUX

Mais si c'est pas elle, qui est-ce ?

PIC

Et qui est-ce qui m'a mis cette boîte de peinture ? *(À Évenos.)* Et toi aussi tu as quelque chose !

Il sort des souliers d'Évenos deux petits sacs blancs qui portent en lettres d'or l'inscription « Marrons glacés ». En face d'eux, Galubert secoue Catusse qui s'éveille.

GALUBERT
Réveille-toi, que je te fasse la bise !

Il se penche et le baise au front.

CATUSSE *(ahuri)*
Qu'est-ce qui te prend ?

GALUBERT
C'est pour te dire merci.

CATUSSE
De quoi ?

GALUBERT
De ce que tu m'as mis dans le soulier.

Il montre deux paquets de cigarettes, des Gauloises et des américaines.

CATUSSE
Cache ça, malheureux !

GALUBERT
Il est au lavabo.

CATUSSE
Mais ce n'est pas moi qui t'ai donné ça !

Samba, qui tient deux petits sacs de carton blancs noués de rubans, vient vers eux.

SAMBA

Moi, c'est des chocolats ! Et tout le monde a quelque chose !

CATUSSE

Oh, merde ! Moi aussi !

Les autres viennent vers eux. Villepontoux montre son stylo.

VILLEPONTOUX

Un stylo avec une plume en or !

Falconi s'avance en mordant une prune confite avec des gémissements de bonheur.

MACAQUE

Moi, ça ne se mange pas. C'est des timbres rares. Celui-là, c'est un japonais. Il vaut au moins dix francs !

GODARD

Qui veut un caramel mou ?

FALCONI

Mais qui est-ce qui nous a donné tout ça ?

GALUBERT

Eh bien ça, vous voyez, c'est une idée du proviseur. Oui. Moi je le connais, le proviseur... Il est riche, il n'y a qu'à voir ses costumes. Et alors, ça lui a fait de la peine de penser que nous sommes des naufragés de la Noël, et il nous a fait garnir les souliers par le concierge…

MACAQUE

Non, non, ce n'est pas le proviseur. *(Il montre la cabine.)* C'est lui.

PIC

Penses-tu !

Il essaie d'enfiler un de ses souliers.

GALUBERT

Lui, c'est tout le contraire ! Un salaud qui m'a volé un briquet de quarante francs… Sans compter le sentiment…

CATUSSE

Et mon harmonica !

Galubert, qui a senti quelque chose dans son soulier, le secoue au-dessus du lit. Il en tombe le briquet, qu'il regarde avec stupeur. Catusse plonge sa main dans son second soulier. Il en tire l'harmonica.

MACAQUE

Vous voyez bien que c'est lui… Je l'ai vu, moi, cette nuit… Il est sorti de sa cabine, et puis il a marché doucement, et il s'arrêtait à chaque lit, et il se baissait… Et moi, je croyais

qu'il regardait sous les lits, et je demandais :
« Qu'est-ce qu'il cherche ? Et qu'est-ce que ça
veut dire de faire la police même la nuit ? » Et
je me pensais : « Quel salaud ! »

SAMBA *(doucement)*

Et c'était le Père Noël, le gentil facteur du petit Jésus.

Il se signe.

GALUBERT *(consterné)*

Alors ça, c'est terrible...

ÉVENOS

Pourquoi ?

GALUBERT

Parce qu'il est pauvre... Tu as pas vu son col de fourrure ? C'est la peau d'un chat mort de la pelade à trente ans ! Il nous a donné tout ce qu'il pouvait, et nous, le seul cadeau qu'on lui ait fait, c'est un pique-cul !

PIC

Et c'est toi qui l'as fabriqué !

GALUBERT

Oui, ça me fait mal au cœur.

Tous se taisent, mal à l'aise, et vaguement coupables. Pic a la larme à l'œil. Et tout à coup, Villepontoux, dont le visage s'éclaire, propose :

VILLEPONTOUX

Et si on lui donnait quelque chose maintenant ? Si on lui mettait des petits cadeaux dans ses souliers ?

GALUBERT *(enthousiaste)*

Bravo ! C'est ça qu'il faut faire ! Évenos, va tenir marre à la porte, qu'il arrive pas pendant ce temps ! Allez ! Il faut que chacun donne quelque chose ! Mais vite, parce qu'il va revenir !

Galubert court vers la cabine de Merlusse. Il ouvre les rideaux. Il se baisse. Il retire la paire de souliers.

CATUSSE

Oh, dis donc, qu'est-ce qu'il a comme croquenots !

Galubert pose les gros souliers près du lit, et la collecte commence. Macaque apporte le premier une feuille de papier sur laquelle sont collés des timbres.

MACAQUE

Tiens ! C'est la deuxième plus belle feuille de mon album : six timbres de la guerre russo-japonaise ! C'est le roi mon grand-père qui me les a donnés ! Il faudra les mettre en dernier pour ne pas les abîmer !

CATUSSE *(tend un gros stylomine argenté)*
Et il écrit en trois couleurs !

Il le laisse tomber dans le vaste soulier. Pic arrive avec une boîte de compas.

PIC

Il m'a donné une boîte de peinture, je lui donne mes compas. Il en manque un, et le compas diviseur est un peu tordu, mais il peut servir.

GALUBERT

Aboule !

Il le met dans le soulier. Samba détache de son cou une médaille qu'il baise et qu'il plie dans un morceau de papier.

SAMBA

C'est une médaille bénite par le Père de Foucauld. Ça lui portera bonheur.

ÉVENOS

Si je lui donne mon canif, ça ne va pas couper l'amitié ? Il faut toujours payer un sou.

GALUBERT *(prend le canif)*
Il t'a donné des marrons glacés. Ça vaut plus d'un sou.

PIC

Moi, j'ai un petit sac de caramels, mais ils sont un peu collés.

GALUBERT

Ça ne fait rien. Aboule.

Villepontoux s'approche et il tend un timbre.

GALUBERT

Qu'est-ce que c'est ?

VILLEPONTOUX

C'est un timbre plus que rare.

CATUSSE

De quel pays ?

VILLEPONTOUX

Personne ne le sait.

GALUBERT

Alors pourquoi tu dis qu'il est plus que rare ?

VILLEPONTOUX

Parce que rare ça veut dire qu'on n'en voit pas souvent. Alors celui-là, puisqu'il est inconnu, il est encore plus rare qu'un timbre rare.

Godard a pris dans sa valise un petit réveille-matin doré.

GODARD

Tout ce que j'ai, c'est ce petit réveille-matin, un cadeau de ma grand-mère. Elle croyait qu'ici chacun couchait dans sa chambre.

Tout en parlant, il l'a remonté, et Galubert le met dans le soulier. Puis Falconi s'avance, un pot de grès à la main.

FALCONI

Ça, c'est le pâté de merles. Je vous l'avais promis pour midi.

GALUBERT

D'accord, d'accord. *(Il le met dans le soulier.)* Nous ne verrons pas Vizzavona, mais lui le verra.

Villepontoux a vidé sur son lit son portefeuille, qui contenait des lettres. Il les glisse dans la poche de son veston et court avec le portefeuille qu'il tend à Galubert.

Il est peut-être un peu fatigué, mais c'est du maroquin !

VILLEPONTOUX

Ma mère m'en donnera un autre !

AGASSIN *(un peu timide)*

J'ai encore une boîte de dattes.

CATUSSE

Ça, tu ne l'avais pas dit, galavard !

AGASSIN

Je voulais la descendre au réfectoire à midi...

GALUBERT

Ou peut-être la manger tout seul ?

AGASSIN

Peut-être...

CATUSSE *(à Galubert)*

Dis donc, toi tu tiens la cagnotte, mais tu ne mets rien dedans !

GALUBERT *(solennel)*

Attends, et tu vas être étonné ! *(Il va ouvrir sa valise, et en tire une belle cravate.)* Voilà ce que j'y mets. Ma cravate ! Celle qui intéresse tant une certaine personne. Tu comprends à qui je fais une allusion transparente. *(Il roule la cravate et la met dans le soulier.)* Tant pis pour moi. Tant mieux pour lui. Dépêchons-nous.

Il va en hâte placer les souliers de Merlusse devant la cabine.

CATUSSE

Et maintenant, on va aux lavabos en vitesse, et on fait semblant de rien.

Ils sortent par la porte du fond et s'alignent devant les robinets. Agassin s'est attardé pour prendre dans sa valise une serviette et du savon. M. le censeur entre et descend vers lui. Au passage, il voit les cadeaux de Merlusse sur les lits.

LE CENSEUR
Qu'est-ce que c'est que ça ?

AGASSIN
M'sieu, c'est des cadeaux…

LE CENSEUR
Qui donc les a apportés ?

AGASSIN
Je ne sais pas. Ils étaient dans les souliers.

LE CENSEUR
Serait-ce le Père Noël ? C'est étrange, car il n'y a pas de cheminée. Allez aux lavabos.

Agassin sort. Le censeur fait quelques pas, puis sort du dortoir. Évenos court aux lavabos.

AUX LAVABOS

AGASSIN
Le censeur est venu… Il a vu les jouets et il m'a demandé d'où ça venait.

GALUBERT

Et qu'est-ce que tu as dit ?

AGASSIN

Dans les souliers.

GALUBERT

Et qu'est-ce qu'il a dit ?

AGASSIN

Qu'il n'y a pas de cheminée pour le Père Noël...

FALCONI

Ça, c'est peut-être pas bon pour Merlusse.

GALUBERT

Pas Merlusse. Blanchard. Le premier qui l'appelle Merlusse, je lui tire un coup de pied dans les fesses qui le fait devenir bossu !

AU DORTOIR

Merlusse paraît. Il ne regarde pas les enfants, mais il a vu ses souliers. Il entre dans sa cabine, puis le rideau blanc se soulève et l'on voit la main poilue qui saisit les souliers :

ils disparaissent derrière les rideaux. Plan de Merlusse qui vide les souliers sur son lit et fait l'inventaire de ses richesses. Le carillon d'une église voisine joue le vieux noël du Divin Enfant. *Cependant, au fond du dortoir, les garçons réunis se montrent leurs cadeaux. Catusse essaie un arpège sur l'harmonica.*

GALUBERT

Non, non, ne commençons pas à chahuter…

CATUSSE

Puisqu'il me l'a rendu, c'est pour en jouer !

Il attaque discrètement un noël. Villepontoux chante à voix basse avec lui. Samba le suit, puis Godard, puis Falconi. Merlusse a étalé sur son lit les cadeaux des enfants et il les examine l'un après l'autre en souriant. Nous revenons au chœur qui attaque le second couplet. Au second cri de Noël, on entend la voix puissante de Merlusse invisible qui chante avec eux.

L'ESCALIER

M. le censeur monte l'escalier qui conduit au dortoir. Il entend le chœur et n'en croit pas ses oreilles. Nous le suivons. Il entre. Il voit, au fond du dortoir, Merlusse en pyjama qui bat la mesure et chante avec le chœur. M. le censeur ne dit rien, mais il n'est pas content : il tourne les talons et descend l'escalier. Le chœur chante toujours, et voici le concierge qui monte vers le censeur. Il a dû fêter fort joyeusement le réveillon, car sa démarche n'est pas très assurée. Il tend au censeur une carte de visite. Le censeur la regarde un instant puis la lui rend.

LE CENSEUR

Bien. Prévenez M. Blanchard, quand il aura fini de chanter !

Le censeur descend. Le concierge monte vers le dortoir. Il entre, regarde le chœur, et chante avec eux. Après la dernière note, il crie d'une voix triomphale.

LE CONCIERGE

Villepontoux, au parlouar !

Merlusse se tourne vers lui. Villepontoux, en chaussettes, s'élance, prend au passage ses souliers, son veston et disparaît. Merlusse, sévère, marche vers le concierge.

MERLUSSE

Si c'est une plaisanterie, elle est cruelle et stupide… Vous êtes saoul ?

LE CONCIERGE

J'ai fait le réveillon, pas plus... Et c'est pas une plaisanterie. C'est une dame blonde, superbe ; elle m'a donné cette carte. *(Il la tend à Merlusse.)* Et je l'ai déjà montrée à M. le censeur qui m'a dit : « Prévenez M. Merlusse. » Il me l'a dit dans l'escalier. « Prévenez M. Merlusse. » *(Il étouffe à grand-peine une éructation.)*

MERLUSSE

Dites-lui que M. Merlusse est prévenu, et allez vomir ailleurs.

Au milieu du long couloir sombre, Villepontoux court toujours.

Au loin, à gauche, à travers la petite porte de sortie, un vif rayon de soleil illumine un rectangle de dalles. Une jeune femme surgit, comme une apparition dorée. Le petit garçon s'arrête à deux pas, la regarde, lâche sa veste et ses souliers, et prend à deux bras la taille de sa mère.

Il faudrait tourner cette scène à vingt images, ou même dix-huit dans un style très lumineux, presque irréel, et suggérer très discrètement une apparition de la Vierge : c'est sa mère, telle que le petit garçon la voit.

Essayer de faire le point sur le dos de l'enfant qui court, et le suivre.

LE CABINET DU PROVISEUR

Le proviseur est plus lugubre que jamais.

LE CENSEUR

C'est à n'y rien comprendre. Le sieur Blanchard, au dortoir, en pyjama, chante des noëls avec ses élèves. Oui. Et de plus, il a mis des cadeaux dans leurs souliers !

LE PROVISEUR

Voilà qui est bien surprenant.

LE CENSEUR

Il leur a distribué des cigarettes !

LE PROVISEUR

À tous ?

LE CENSEUR

Heureusement non. Aux plus grands.

LE PROVISEUR (*sévère*)

Et vous les avez vus fumer ?

LE CENSEUR

Non. Deux paquets de cigarettes étaient étalés sur deux lits, avec un briquet et un harmonica.

LE PROVISEUR
Voilà qui est bien surprenant.

LE CENSEUR
Il semble donc qu'il ait voulu, en quelque sorte, donner une leçon aux parents de ces élèves qui ne manqueront pas de leur écrire. Et d'autre part, je crains que ces enfants ne soient complètement gâtés.

Le proviseur hoche la tête en fermant les yeux.

LE CENSEUR
Je plains le malheureux M. Ponthier, le surveillant d'internat qui va le remplacer ce matin, et qui doit les garder toute la semaine. Ils vont le dévorer...

LE PROVISEUR *(pensif)*
Ce Blanchard est inexplicable.

LE CENSEUR
Sa conduite ne peut s'expliquer que par un déséquilibre inquiétant...

LE PROVISEUR
Ce n'est pas M. Delacre qui se permettrait de tels écarts.

LE CENSEUR *(enthousiaste)*
Certainement pas ! Et c'est pourquoi hier, lorsque vous hésitiez entre ces deux maîtres,

je me suis permis d'insister – discrètement – en sa faveur. Puis-je vous demander si vous avez pris une décision à ce sujet ?

LE PROVISEUR

Mon choix est fait. *(Il sonne.)* Et je désire en donner les raisons à M. Blanchard. *(Le concierge paraît.)* Allez prier M. Blanchard de passer me voir, dès que M. Ponthier sera arrivé.

LE CONCIERGE

Il est arrivé, monsieur le proviseur. Il vient de monter au dortoir.

LE PROVISEUR

Bien. Allez.

Le concierge sort.

LE GRAND ESCALIER

Les élèves, en colonne, descendent du dortoir. Derrière eux, Merlusse et M. Ponthier. Le concierge monte à leur rencontre et s'adresse à Merlusse.

LE CONCIERGE

M. le proviseur vous prie de passer à son cabinet avant de partir.

MERLUSSE *(se rembrunit)*

Bien. J'y vais de ce pas. *(Le concierge s'en va. Merlusse se tourne vers Ponthier.)* Le censeur est un bon policier. J'ai peut-être fait une bêtise, mais je ne le regrette pas. Et je ne me priverai pas de le dire clairement.

LE CABINET DU PROVISEUR

LE CENSEUR

Pourtant, je ne voudrais pas que mon intervention attire sur lui vos foudres. Évidemment, sa conduite a été plutôt inconsidérée. Mais il ne s'agit pas d'une faute professionnelle grave…

LE PROVISEUR

Comment ? Vous m'avez dit que les élèves allaient dévorer M. Ponthier et « l'on ne trouvera qu'un horrible mélange d'os et de chair meurtris et traînés dans la fange… »

LE CENSEUR

J'ai simplement voulu dire que sa familiarité soudaine avec les enfants allait rendre plus difficile la tâche de M. Ponthier qui est bien jeune, et qui, peut-être…

On frappe à la porte.

LE PROVISEUR

Entrez !

Merlusse entre. Respectueux, mais inquiet.

LE PROVISEUR

Bonjour, monsieur Blanchard. Asseyez-vous, car j'ai à vous parler. Je n'en ai pas encore eu l'occasion, mais aujourd'hui, j'ai quelque chose à vous dire.

MERLUSSE

Je vous écoute, monsieur le proviseur.

LE PROVISEUR

Je dois d'abord vous remercier d'avoir bénévolement assuré cette nuit le service du dortoir.

MERLUSSE

Les circonstances l'exigeaient, et ce que j'ai fait est bien naturel.

LE PROVISEUR

Non, ce n'était pas naturel... Mais ce qui est encore moins naturel ce sont vos exploits de cette nuit. *(Merlusse regarde le censeur, qui est plutôt gêné.)* Vous êtes sorti des limites de vos fonctions, pour usurper le rôle du Père Noël...

MERLUSSE

Ce fut peut-être une faiblesse.

LE PROVISEUR

Vous leur avez donné des jouets à tous ? *(Merlusse dit oui d'un signe de tête.)* Vous êtes donc millionnaire ?

MERLUSSE

Hélas, non.

LE PROVISEUR

C'est donc sur vos appointements que vous avez prélevé la somme nécessaire à ces achats ?

MERLUSSE

Je ne leur ai pas donné grand-chose : quelques bagatelles symbolisant les cadeaux qu'ils n'avaient pas reçus…

LE PROVISEUR

Entre autres, des cigarettes… Un Père Noël qui distribue des cigarettes au dortoir est, dans un lycée, un personnage scandaleux.

MERLUSSE

Oui, évidemment, je le reconnais… Mais à cause des circonstances n'est-ce pas… Il m'a semblé que pendant les vacances, surtout celles de la Noël, le lycée n'est plus un lycée :

c'est un immeuble. Moi-même je n'étais pas en train de remplir les fonctions qui sont les miennes. Ces garçons n'avaient ni devoirs, ni leçons… Alors moi, qui n'étais pas un surveillant, dans cet immeuble qui n'était pas un lycée, devant ces enfants qui n'étaient plus des élèves, j'ai cru que je pouvais prendre la liberté de remplacer – fort modestement – ceux qui n'avaient pas pensé à eux…

LE CENSEUR

Raisonnement subtil, mais qui ne saurait s'opposer au règlement.

MERLUSSE

Je le respecte, notre règlement, et je l'applique avec toute la sévérité désirable : mais il y a aussi des lois ; et par exemple la loi de la Noël, qui aura bientôt deux mille ans, et elle exige précisément que l'on fasse ce que j'ai fait.

LE PROVISEUR

Ceci ne s'accorde guère avec votre façon habituelle de traiter vos élèves. *(Au censeur.)* Vous m'avez dit qu'ils le croient méchant et qu'ils en ont peur.

MERLUSSE

Ils ont peur de moi, c'est vrai. Ils ont peur, parce que je leur fais peur. Et je leur fais peur parce que j'ai peur d'eux. Oui. Lorsque j'étais élève moi-même, dans un collège de province, j'ai eu en troisième un professeur de lettres qui était un érudit, d'une grande intelligence et d'une grande bonté. Il nous traitait comme des gens raisonnables. Au bout de huit jours, sa classe était aussi bruyante qu'une foire, et les élèves répondaient à ses questions par des plaisanteries stupides. Puis les boules puantes ont fait leur apparition. Un jour que nous avions bouché le tuyau du poêle, il continuait d'une voix blanche son exposé sur la *Phèdre* de Racine comparée à celle de Pradon, à travers un nuage de fumée, et dans une suffocante odeur d'œufs pourris. J'étais au premier rang, j'ai vu briller des larmes dans ses yeux... Et tout à coup ils ont commencé à le bombarder de boules de papier... Il s'est levé, il a pris la fuite, sous les huées. Nous ne l'avons jamais revu... C'est ce jour-là que j'ai compris. Il ne faut pas les laisser commencer. Il faut se faire une réputation de sévérité impitoyable et soutenir son personnage, car ils profitent de la moindre faiblesse...

LE CENSEUR

Et tout justement ne croyez-vous pas que cette nuit...

MERLUSSE

Je ne sais pas. Nous verrons bien à la rentrée. Pour le moment, ma faiblesse m'a valu une récompense... Vous ne savez peut-être pas que, lorsqu'ils ont vu leurs petits cadeaux, ils ont profité de mon absence – je faisais ma toilette – pour garnir mes chaussures de quelques présents.

Il sort de sa poche le petit réveil, qu'il pose sur le bureau et qui sonne joyeusement, puis le pâté de merles, la médaille, etc.

MERLUSSE
Et cette cravate !

Il montre sa cravate qui est celle de Galubert.

MERLUSSE
Et puis un petit mot, une sorte d'envoi.

Il déplie la page de carnet de Galubert et lit :

MERLUSSE
« Avec la reconnaissance des naufragés de la Noël. »
Ma récompense, la voilà.

LE CENSEUR
Et je crois que M. le proviseur va vous en offrir une autre : l'année prochaine, vous serez nommé professeur adjoint, et promu à la deuxième classe !

MERLUSSE

Est-ce une promesse, monsieur le proviseur ?

LE PROVISEUR (*d'un air navré*)

À la deuxième classe, ce n'est plus possible maintenant. Non, il ne sera pas promu à la deuxième classe l'année prochaine.

LE CENSEUR

Pourquoi ?

LE PROVISEUR

Parce qu'il y est déjà depuis une heure... il est même nommé professeur adjoint ! Tenez. (*Il lui tend deux formules.*) Voilà ma proposition qui ne sera pas refusée.

Merlusse, très ému, ne peut parler. Cependant, le proviseur sort d'un petit meuble des verres et une carafe de porto. Enfin, Merlusse parle.

MERLUSSE

Monsieur le proviseur... C'est véritablement... Je croyais au contraire... Enfin, je ne sais comment vous remercier.

LE PROVISEUR (*emplit les verres*)

Mais moi, je le sais : vous allez nous chanter un noël.

MERLUSSE *(rit, confus)*

Mais je ne sais pas chanter, quoique j'aie enseigné le chant – une heure par semaine – lorsque j'étais instituteur dans une école libre, avant de passer ma licence... Et c'est peut-être en souvenir de ma jeunesse que lorsque, ce matin, j'ai entendu chanter les enfants, j'ai automatiquement battu la mesure, et j'ai chanté avec eux.

LE PROVISEUR

Et quel noël avez-vous chanté ? Naturellement, *Minuit chrétien ?*

MERLUSSE

Non.

LE CENSEUR

Ce que j'ai entendu, c'était *(il chante)* : « Il est né le divin enfant... »

LE PROVISEUR *(chante)*

« Chantez, hautbois, résonnez, musette... »

MERLUSSE

« Il est né le divin enfant, Chantons tous son avènement ! »

Ils chantent tous les trois.
Fin en fondu sur des chœurs de vieux noëls.

L'INFÂME TRUC

D'ORDINAIRE, la cinquième étude était réservée aux élèves des petites classes. Chaque jour, de cinq à sept, on pouvait voir quarante pensionnaires, tous pareils dans leurs blouses noires, élaborer en silence les devoirs du lendemain.

Mais ce soir-là était le 24 décembre. Dès quatre heures, un grand nombre de pensionnaires étaient partis avec les externes, et dans cette longue salle M. le censeur avait entassé les retardataires : ceux dont les « correspondants » n'étaient pas venus, ceux qui partaient par les trains de la soirée, et ceux qui ne partaient pas.

Sur les tout derniers bancs étaient les « grands », qui poussent le mépris des lois jusqu'à fumer des cigarettes dans les cabinets. Parmi eux, Testonnière, capitaine de l'équipe de football et cancre notoire, dressait son large buste. Auprès de lui était Larrue, mince et rose sous une grande chevelure frisée à laquelle il consacrait toutes les classes de mathématiques, par le moyen d'un peigne et d'un miroir de poche ; puis Mignon, qui dilapidait en chocolats pralinés l'argent qu'un père intrépide gagnait à Rufisque, pays des cacahuètes légères... Et Delon, et Chabrières et Lecaste, et quelques autres encore qui se distinguaient par l'élégance de leur tenue ; ils étaient en veston, et méprisaient l'uniforme : il les eût empêchés de passer pour des « étudiants » le dimanche, lorsqu'ils abordaient sur la promenade les couturières sentimentales.

Les autres, pour la plupart, portaient l'uniforme de drap bleu sombre à gros boutons dorés, et leurs mains, sous la table, tourmentaient la casquette brodée d'or, et dont la visière vernie avait été, suivant l'usage, soigneusement brisée au milieu.

Nul ne travaillait : les devoirs et les leçons paraissaient des choses lointaines et inexplicables. Dans le rêve des potaches, qui flottait sous le sifflotement des becs de gaz, se précisaient le profil des cousines, le visage amical des sœurs, le sourire toujours nouveau des mères. Un grand désir de vin cuit, de nougats et de papillotes dilatait ces narines accoutumées à l'odeur fade du réfectoire... Non, cette étude n'était pas une étude ordinaire... Et pourtant, dans un grand silence, tous étaient penchés sur des livres, que leurs yeux ne voyaient pas... Point de rires, point de murmures. Nul n'osait lever la tête, car là-haut, dans la chaire sombre, était assis l'infâme Truc.

L'infâme Truc était un colosse borgne et velu, qui se parait du titre de répétiteur. Comment s'appelait-il ? Nul n'en savait rien. On l'avait baptisé « Truc », simplement.

On l'avait toujours vu dans une ample redingote dont le noir tournait au vert.

Le long du ruban de son antique feutre courait une frise dessinée par la sueur sur la poussière. Il portait en hiver un cache-nez râpé ; et quand il le quittait, en étude, pour le suspendre au portemanteau, on voyait sur son cou la trace noirâtre du col en celluloïd.

Il régnait d'ordinaire sur la première étude, celle des rhétoriciens et des philosophes. Il y affirmait une autorité tyrannique ; on exécutait avec une célérité silencieuse les ordres qu'il murmurait dans sa barbe : l'infâme Truc avait coutume de parler à voix très basse, dans un chuchotement gras et froid, en clignant son œil unique, qui avait de la méchanceté pour deux.

Il punissait rarement ; mais sa haute taille, son chuchotement – qui faisait place parfois à une voix de tonnerre – et la flamme sardonique de son œil en faisaient un objet de crainte pour ceux qui le connaissaient ; quant aux autres, les tout petits, ceux qui voyaient passer de loin dans les couloirs sa haute stature, il leur faisait l'effet d'un croque-mitaine sans pitié.

Ce soir-là, comme je l'ai dit, il surveillait l'étude des retardataires. Les poings aux tempes, il lisait un roman. On ne voyait de lui qu'une chevelure hirsute, pareille à un nid de pie.

De part et d'autre, comme deux masses brunes, ses poings énormes et velus au bout de ses avant-bras appuyés à la chaire – et sur son poitrail s'étalait sa barbe, inextricable et horriblement noire...

Soudain, la porte s'ouvrit. À un mètre du sol parut la trogne violette du concierge. D'une voix usée chez les mastroquets, mais qui parut à beaucoup une délicieuse musique, il dit :

« Train de cinq heures dix ! »

Des livres, sans bruit, se fermèrent. Une grande partie des élèves se leva, et, sur la pointe des pieds, se dirigea vers la porte. Un à un, ils sortirent – et dès qu'ils franchissaient le seuil, une gaieté splendide les agitait dans le vieux couloir glacé. Le dernier referma la porte sans bruit, comme celle de la chambre d'un malade.

L'infâme Truc n'avait pas remué. Cinq minutes se passèrent. La porte se rouvrit, le concierge reparut. Il appela :

« Lechâtre ! Durou ! Barbet ! Dumoulin... »

Les élus sortirent, gonflés d'une joie contenue ; puis, au bout d'un quart d'heure, la porte s'ouvrit de nouveau.

« Train de six heures. »

Presque tous se lèvent... et dans l'étude agrandie, ils ne sont plus que six.

Ils sont cinq en blouses noires, mais si

petits, qu'il faut vraiment qu'il n'y ait personne pour qu'on s'aperçoive de leur présence. Le sixième, qui n'a pas douze ans, est en uniforme, et il a un crêpe au bras.

Il s'appelle Linot, il est en sixième, où il va très certainement obtenir cette année des prix nombreux. Son père, capitaine au long cours, est mort en Chine, l'année dernière ; sa mère, il y a trois mois, s'est remariée, et sur le conseil de son parâtre, on l'a mis pensionnaire à la rentrée d'octobre. Pendant le trimestre, sa mère, qui habite près du lycée, est venue le voir trois fois ; à sa dernière visite, elle lui a promis qu'on viendrait le chercher pour les vacances de Noël. C'est pourquoi il a préparé, longtemps à l'avance, le billet de sortie, le papier jaune qu'il faudra montrer au concierge. Ce matin, il a mis son uniforme neuf ; les pantalons de drap lui grattent les mollets ; le col, dont il n'a point l'habitude, l'étrangle à demi... Il attend, avec une inquiétude grandissante, l'adorable grognement du concierge qui doit l'appeler.

Il a sous les yeux un atlas de géographie, ouvert au hasard. Il ne cherche pas des notions exactes sur la configuration du globe terrestre. Le vert de l'Autriche évoque en lui les nougats aux pistaches, et le rose tendre de la Belgique lui rappelle invinciblement le rahat-loukoum que son père rapportait d'Algérie, dans de petites boîtes de carton.

Un pas résonne dans le couloir. Il est prêt à

se lever. Le pas se rapproche, puis s'éloigne… et Linot attend, dévoré d'impatience, sous le sifflotement hostile des becs de gaz.

Devant lui sont deux petits Annamites. Ils ont des noms pleins de traits d'union.

L'un d'eux – sept ans – a un grand cache-nez vert, noué dans le dos. Il est si petit que les deux pans de laine verte le cachent entièrement. On ne voit que son crâne jaune, aux oreilles décollées, sur un cou grêle d'oiseau…

Il lit, attentivement, un livre de classe qui est plein d'images. À côté de lui, son frère est un peu plus gros. Les mains dans les poches, le front plissé, il regarde un livre de mathématiques et claque des dents…

Là-bas, au fond de l'étude, tout seul parmi les bancs déserts, est assis Makombo, le Sénégalais. Il a dix ans. Ses yeux sont intelligents et doux. La langue dehors, il écrit… Enfin, au premier banc, en face du tableau noir, est assis le petit Perret.

Le petit Perret a six ans. Il est dans la classe enfantine, en onzième, et depuis le mois d'octobre il est pensionnaire.

Au début, il passait son temps à pleurer dans les coins : tout l'effrayait. Puis, il s'est habitué à la vie du lycée ; la maîtresse a été bonne pour lui ; les surveillants lui parlent doucement… Il joue volontiers dans les récréations. Il travaille bien en classe. Il comprend très vite, et il discute sur tout, comme une grande personne…

L'autre jour, en classe, la maîtresse a lu une drôle de poésie qui prêtait à une mère de miraculeux dévouements.

Franchement, ça l'a bien étonné ; il sait très bien ce que c'est qu'une mère ; c'est une femme belle comme une peinture, qui sent bon, et qui vient vous voir au parloir. Elle vous donne des pièces de cinq francs ; il y a toujours un monsieur qui l'accompagne, ce monsieur n'est jamais le même, mais il est toujours vieux et gentil. Et le petit réfléchit, le menton sur la table qui est trop haute pour lui.

Derrière lui, enfin, est assis Garcia, l'Espagnol, qui n'a plus ni père ni mère.

Soudain, l'infâme Truc se lève. Il se dresse de toute sa hauteur. Il étend ses bras. Il allonge le cou. Il bâille effroyablement et, dans un crépitement d'os, il s'étire. Puis, il met ses mains dans ses poches, et il descend de la chaire. Les marches craquent. Il s'approche de Linot, qui, éperdument, feint de lire. L'infâme Truc se campe en face de lui. Il le regarde un moment. Puis il murmure :

« V's appelez ?

— Linot, m'sieu.

— Où sont vos parents ?

— Ici, m'sieu. Ils habitent près du lycée. Ils vont venir me chercher, m'sieu.

— Ah ! dit l'infâme Truc. Que fait votre père ?

— Il est mort, m'sieu. C'est mon beau-père qui vient me chercher.

— Ah ? » répète Truc, puis il s'éloigne.

Truc regarde longtemps Makombo.

« Vous n'allez pas chez vous ?

— Ci trop loin, m'sieu... dit le petit nègre.

— N'avez pas de correspondant ?

— Mon père donne l'argent pour correspondant. Le correspondant vient pas me faire sortir.

— Ah ? » dit l'infâme Truc. Il s'en va vers le tout petit, qui paraît bien effrayé. Il le considère un moment encore. Mais il ne lui adresse pas un mot. L'infâme Truc est fixé sur son compte. Il a vu sa mère au parloir. Il ne demande rien d'autre. Puis, il examine Garcia, tout de noir vêtu.

« Qui vous fait sortir ?

— C'est ma tante, m'sieu.

— Vous restez au lycée pendant les vacances ?

— M'sieu, elle dit que je fais trop de bruit à la maison. »

L'infâme Truc s'en va vers le fond de l'étude. Les becs de gaz sifflotent toujours. Les petits n'osent pas se tourner pour le voir. Mais on l'entend qui pousse une série de grognements affreux, et comme indignés...

La porte s'ouvre, Linot tressaille. Ce n'est pas le concierge, c'est M. Cernin, le surveillant d'internat qui doit surveiller le dortoir cette nuit. Il est jeune, grand et maigre. Il a les yeux rouges. Il vient poliment vers l'infâme Truc, et lui montre un télégramme.

Le père de M. Cernin est très malade. Il va peut-être mourir. Il faut que M. Cernin rentre chez lui, à tout prix. Il ne reste personne pour surveiller le dortoir, car tous les surveillants sont partis en vacances. Si l'infâme Truc ne veut pas le remplacer, M. Cernin partira quand même, mais il sera mis à la porte. Tandis que si Truc veut bien accepter, pour cette nuit, M. le censeur surveillera le réfectoire pendant que Truc ira dîner.

Demain, un autre surveillant sera revenu... n'est-ce pas... Peut-être que ?... M. Cernin pleure...

Alors, l'infâme Truc murmure :

« Ça va. »

Et comme M. Cernin le remercie avec émotion, l'infâme Truc dit d'une voix de tonnerre :

« Foutez le camp... »

Et M. Cernin fout le camp...

Alors, l'infâme Truc se tourne vers les six abandonnés, et il s'écrie :

« Ah ! vous n'allez pas en vacances, vous... vous n'allez pas chez vous... Hum !... Très bien, mes gaillards... C'est parfait, mes gaillards... Oh ! Oh ! Hô hô... ô... Parfait ! Parfait !... C'est moi qui surveille le dortoir, cette nuit... » et il ricane, et une flamme danse dans son œil horrible.

À sept heures, M. le censeur est venu chercher les six élèves qui ne sortent pas. Il les a fait placer sur deux rangs, et tandis que Truc va souper en ville, il les conduit au réfectoire. Au tournant des couloirs Linot s'attend toujours à voir surgir sa mère.

Le réfectoire paraît immense. À cause de l'abat-jour de l'unique bec de gaz, on ne voit pas les murs ; après le rond de lumière qui encercle la table où sont assis les petits, et qui fait ressortir les raies noires entre les carreaux, on ne devine plus rien. Une ombre dense et froide environne le groupe silencieux.

Un seul garçon est resté pour les servir. Il a son costume des dimanches, un costume de confection, tout raide. Sa figure est rouge, à cause du col. Il apporte la soupe, à bout de bras, de peur de se tacher. Elle est froide, elle graisse les dents.

On ne voit pas M. le censeur. On l'entend qui se promène dans l'ombre, d'un pas régulier, et, de temps à autre, il surgit brusquement, dans le rond de lumière, avec son pardessus noir et son lorgnon cerclé d'or.

Le garçon est impatient, on doit l'attendre, dehors. C'est pourquoi, tout à coup, pendant que M. le censeur est dans l'ombre, il apporte tous les plats à la fois, et il se sauve, silencieux, en tenant son chapeau de feutre vert...

Tout le dîner est là, sur la table : et les petits mangent tristement les épinards aux croûtons, la tranche de viande rose et froide... et il y a aussi, pour chacun, une galette et une papillote, parce que c'est le repas de Noël.

M. le censeur les a reconduits au dortoir.

La salle est immense. Elle contient cinquante lits. À cause des vacances, on les a tous défaits, on a enlevé les couvertures et les draps, et l'on voit la toile des matelas aux grandes raies bleues, qui donne un air de déménagement. Les six petits lits ont été rapidement refaits par un garçon pressé de sortir, et comme on les a laissés à leur place, les six petits sont dispersés aux quatre coins du dortoir... En silence, ils se déshabillent pendant que M. le censeur se promène, les mains derrière le dos, et ils se glissent, grelottants, entre les draps si froids qu'ils semblent mouillés...

Vers huit heures et demie, le pas de l'infâme Truc sonna dans l'escalier. M. le censeur sortit. On les entendit échanger quelques paroles, puis le borgne velu fit son entrée. Il était emmitouflé jusqu'aux oreilles dans son cache-nez, et il avait dû mettre quelque veste supplémentaire, car il paraissait plus large et plus affreux encore. Il alla droit à son lit, qui était entouré jusqu'à terre par quatre rideaux blancs accrochés au plafond. Il disparut dans cette cage de toile, et on l'entendit souffler bruyamment.

Linot, dans son lit aux draps humides, grelottait de froid et de peur. Les petits Annamites, qui avaient tiré leurs couvertures de toutes leurs forces, demeuraient parfaitement invisibles. Makombo, le crâne entortillé dans un cache-nez, de ses grands yeux considérait fixement le plafond. Quant au petit Perret, il regardait à tour de rôle chacun de ses camarades, puis le lit de Truc ; une peur vague l'oppressait. Soudain l'infâme Truc écarta les rideaux et sortit. Il avait quitté son pardessus, sa veste, son gilet, son faux col, son chapeau. Il avait retroussé sur ses bras velus les manches de sa chemise. D'une main, il tenait une brosse à dents. Dans l'autre une serviette. Il alla vers le lavabo et se mit à se brosser les dents.

Quels bruits il fit ! Comme il grogna, comme il cracha, et quels gargouillements quand il remua de l'eau dans sa bouche !

Puis il revint vers le milieu du dortoir ; là, d'une voix dure et sonore, il dit :

« Et maintenant, tâchez de dormir, hein ? Dormir, hein ? Et sans lumière, hein ? »

Et il éteignit l'électricité ; non, il ne laissa pas même l'ampoule bleue qui sert de veilleuse, dont la lumière timide est comme une étoile, dont l'éclat rassurant dissipe les cauchemars, quand on s'éveille en sursaut. À tâtons il regagna son lit. Puis, il se frotta les mains vigoureusement, et tandis que les ressorts du sommier grinçaient sous le poids de son vaste corps, on l'entendit rire, d'un rire voilé et saccadé.

IL est six heures et demie du matin. Un jour pâle blanchit les fenêtres, aux vitres émaillées de givre. Le dortoir est silencieux, et les six petits pensionnaires « qui ne sortent pas » dorment profondément. Le sommeil fut long à venir ; il ne veut plus les quitter. Six heures et demie. C'est l'heure réglementaire. Le tambour va bientôt rouler.

L'infâme Truc, dans sa cabine de toile, s'est déjà préparé. Sans un bruit, sans un souffle, il a remis le complet sombre et le pardessus verdâtre... Mais il est occupé à une bien singulière besogne : avec la lame de son canif, il perce un trou dans le rideau de gauche ; puis, c'est le tour du rideau de droite. Il a fait de chaque côté un trou bien rond à la hauteur de sa figure. Il referme son canif, et il s'assoit sur le lit.

Tout à coup, le tambour roule, au fond des couloirs sonores. Et l'infâme Truc, d'une voix terrible, crie :

« Debout ! »

En sursaut, les petits s'éveillent.

« Debout ! crie l'infâme Truc. Debout ! »

Les six petits s'éveillent brusquement ; ils ouvrent les yeux, ils voient le dortoir vide, ils se souviennent de la veille.

« Debout ! »

La grosse voix retentit, menaçante…

Le petit Perret rejette ses couvertures. Il s'assied sur son lit. Il descend sur le tapis. Il est pitoyable, avec sa grosse tête blonde, et sa chemise courte et ses mollets maigres. Il ouvre les yeux tout de bon, et comme il va se baisser pour ramasser ses chaussettes, il demeure pétrifié ; dans ses souliers, il voit des choses extraordinaires : il y a un diable barbu qui sort d'une boîte, une toupie noire cerclée de rouge, un sac noué d'un ruban bleu, et des papillotes frisées de toutes les couleurs. Le petit Perret se baisse, il touche tout cela avec ravissement. Il se relève avec ses trésors à la main. Il veut les montrer, de loin, à Makombo. Mais les autres en ont autant que lui. Makombo considère avec stupeur des mandarines et une boîte de chocolats. Linot a un livre à tranches dorées, et un sac de marrons glacés. Le petit Garcia a des poignées de sucre d'orge, une balle en cuir et deux livres d'images, et, de loin, les petits Annamites montrent, avec un sourire qui fait disparaître leurs yeux, des animaux en réglisse noire, deux toupies à fouet, avec les fouets, et un sac de billes…

Et l'infâme Truc, que fait-il ? Il est bien occupé, car il colle son œil au trou qu'il a fait dans le rideau ; il regarde le petit Perret et les deux Annamites. Puis il se tourne brusquement et, par l'autre ouverture, il regarde Linot, et Garcia et Makombo.

Il ne dit pas un mot. Mais il rit silencieusement – il rit avec toutes ses épaules énormes –, il rit dans sa barbe, il rit tellement qu'à la fin il arrive une chose étrange : une larme, longue et belle, et claire et brillante, une larme vraiment magnifique tombe de son œil unique et court dans sa barbe noire...

C'est ainsi qu'un pion cruel, borgne et velu, joua, par une plaisanterie vraiment déplacée, le rôle du Petit Jésus.

VIE DE MARCEL PAGNOL

Marcel Pagnol est né le 28 février 1895 à Aubagne.

Son père, Joseph, né en 1869, était instituteur, et sa mère, Augustine Lansot, née en 1873, couturière.

Ils se marièrent en 1889.

1898 : naissance du Petit Paul, son frère.

1902 : naissance de Germaine, sa sœur.

C'est en 1903 que Marcel passe ses premières vacances à La Treille, non loin d'Aubagne.

1904 : son père est nommé à Marseille, où la famille s'installe.

1909 : naissance de René, le « petit frère ».

1910 : décès d'Augustine.

Marcel fera toutes ses études secondaires à Marseille, au lycée Thiers. Il les terminera par une licence ès lettres (anglais) à l'Université d'Aix-en-Provence.

Avec quelques condisciples il a fondé *Fortunio*, revue littéraire qui deviendra *Les Cahiers du Sud*.

En 1915 il est nommé professeur adjoint à Tarascon.

Après avoir enseigné dans divers établissements scolaires à Pamiers puis Aix, il sera professeur adjoint et répétiteur d'externat à Marseille, de 1920 à 1922.

En 1923 il est nommé à Paris au lycée Condorcet.

Il écrit des pièces de théâtre : *Les Marchands de gloire* (avec Paul Nivoix), puis *Jazz* qui sera son premier succès (Monte-Carlo, puis Théâtre des Arts, Paris, 1926).

Mais c'est en 1928 avec la création de *Topaze* (Variétés) qu'il devient célèbre en quelques semaines et commence véritablement sa carrière d'auteur dramatique.

Presque aussitôt ce sera *Marius* (Théâtre de Paris, 1929), autre gros succès pour lequel il a fait, pour la première fois, appel à Raimu qui sera l'inoubliable César de la Trilogie.

Raimu restera jusqu'à sa mort (1946) son ami et comédien préféré.

1931 : Sir Alexander Korda tourne *Marius* en collaboration avec Marcel Pagnol. Pour Marcel Pagnol, ce premier film coïncide avec le début du cinéma parlant et celui de sa longue carrière cinématographique, qui se terminera en 1954 avec *Les Lettres de mon moulin*.

Il aura signé 21 films entre 1931 et 1954.

En 1945 il épouse Jacqueline Bouvier à qui il confiera plusieurs rôles et notamment celui de Manon des Sources (1952).

En 1946 il est élu à l'Académie française. La même année naissance de son fils Frédéric.

En 1955 *Judas* est créé au Théâtre de Paris.

En 1956, *Fabien* aux Bouffes Parisiens.

En 1957, publication des deux premiers tomes des *Souvenirs d'enfance* : *La Gloire de mon père* et *Le Château de ma mère*.

En 1960 : troisième volume des *Souvenirs* : *Le Temps des secrets*.

En 1963 : *L'Eau des collines* composé de *Jean de Florette* et *Manon des Sources*.

Enfin en 1964 *Le Masque de fer*.

Le 18 avril 1974 Marcel Pagnol meurt à Paris.

En 1977, publication posthume du quatrième tome des *Souvenirs d'enfance* : *Le Temps des amours*.

BIBLIOGRAPHIE

1926. *Les Marchands de gloire*. En collaboration avec Paul Nivoix, Paris, L'Illustration.
1927. *Jazz*. Pièce en 4 actes, Paris, L'Illustration. Fasquelle, 1954.
1931. *Topaze*. Pièce en 4 actes, Paris, Fasquelle.
Marius. Pièce en 4 actes et 6 tableaux, Paris, Fasquelle.
1932. *Fanny*. Pièce en 3 actes et 4 tableaux, Paris, Fasquelle.
Pirouettes. Paris, Fasquelle (Bibliothèque Charpentier).
1933. *Jofroi*. Film de Marcel Pagnol d'après *Jofroi de la Maussan* de Jean Giono.
1935. *Merlusse*. Texte original préparé pour l'écran, Petite Illustration, Paris, Fasquelle, 1936.
1936. *Cigalon*. Paris, Fasquelle (précédé de *Merlusse*).
1937. *César*. Comédie en deux parties et dix tableaux, Paris, Fasquelle.
Regain. Film de Marcel Pagnol d'après le roman de Jean Giono (Collection « Les films qu'on peut lire »). Paris-Marseille, Marcel Pagnol.
1938. *La Femme du boulanger*. Film de Marcel Pagnol d'après un conte de Jean Giono, « Jean le bleu ». Paris-Marseille, Marcel Pagnol. Fasquelle, 1959.
Le Schpountz. Collection « Les films qu'on peut lire », Paris-Marseille, Marcel Pagnol. Fasquelle, 1959.
1941. *La Fille du puisatier*. Film, Paris, Fasquelle.
1946. *Le Premier Amour*. Paris, Éditions de la Renaissance. Illustrations de Pierre Lafaux.

1947. *Notes sur le rire*. Paris, Nagel.
Discours de réception à l'Académie française, le 27 mars 1947. Paris, Fasquelle.
1948. *La Belle Meunière*. Scénario et dialogues sur des mélodies de Franz Schubert (Collection « Les maîtres du cinéma »), Paris, Éditions Self.
1949. *Critique des critiques*. Paris, Nagel.
1953. *Angèle*. Paris, Fasquelle.
Manon des Sources. Production de Monte-Carlo.
1954. *Trois lettres de mon moulin*. Adaptation et dialogues du film d'après l'œuvre d'Alphonse Daudet, Paris, Flammarion.
1955. *Judas*. Pièce en 5 actes, Monte-Carlo, Pastorelly.
1956. *Fabien*. Comédie en 4 actes, Paris, Théâtre 2, avenue Matignon.
1957. *Souvenirs d'enfance*. Tome I : *La Gloire de mon père*. Tome II : *Le Château de ma mère*. Monte-Carlo, Pastorelly.
1959. *Discours de réception de Marcel Achard à l'Académie française et réponse de Marcel Pagnol*, 3 décembre 1959, Paris, Firmin Didot.
1960. *Souvenirs d'enfance*. Tome III : *Le Temps des secrets*, Monte-Carlo, Pastorelly.
1963. *L'Eau des collines*. Tome I : *Jean de Florette*. Tome II : *Manon des Sources*, Paris, Éditions de Provence.
1964. *Le Masque de fer*. Paris, Éditions de Provence.
1970. *La Prière aux étoiles, Catulle, Cinématurgie de Paris, Jofroi, Naïs*. Paris, Œuvres complètes, Club de l'Honnête Homme.
1973. *Le Secret du Masque de fer*. Paris, Éditions de Provence.
1977. *Le Rosier de Madame Husson, Les Secrets de Dieu*. Paris, Œuvres complètes, Club de l'Honnête Homme.
Le Temps des amours, souvenirs d'enfance, Paris, Julliard.
1981. *Confidences*. Paris, Julliard.
1984. *La Petite Fille aux yeux sombres*. Paris, Julliard.

FILMOGRAPHIE

1931 – MARIUS (réalisation A. Korda-Pagnol).
1932 – TOPAZE (réalisation Louis Gasnier).
FANNY (réalisation Marc Allégret, supervisé par Marcel Pagnol).
1933 – JOFROI (d'après *Jofroi de la Maussan* : J. Giono).
1934 – ANGÈLE (d'après *Un de Baumugnes* : J. Giono).
L'ARTICLE 330 (d'après Courteline).
1935 – MERLUSSE.
CIGALON.
1936 – TOPAZE (deuxième version).
CÉSAR.
1937 – REGAIN (d'après J. Giono).
1937-1938 – LE SCHPOUNTZ.
1938 – LA FEMME DU BOULANGER (d'après J. Giono).
1940 – LA FILLE DU PUISATIER.
1941 – LA PRIÈRE AUX ÉTOILES (inachevé).
1945 – NAÏS (adaptation et dialogues d'après É. Zola, réalisation de Raymond Leboursier, supervisé par Marcel Pagnol).
1948 – LA BELLE MEUNIÈRE (couleur Roux Color).
1950 – LE ROSIER DE MADAME HUSSON (adaptation et dialogues d'après Guy de Maupassant, réalisation Jean Boyer).
TOPAZE (troisième version).
1952 – MANON DES SOURCES.
1953 – CARNAVAL (adaptation et dialogues d'après É. Mazaud, réalisation Henri Verneuil).
1953-1954 – LES LETTRES DE MON MOULIN (d'après A. Daudet).
1967 – LE CURÉ DE CUCUGNAN (moyen métrage d'après A. Daudet).

Imprimé en France sur Presse Offset par

BRODARD & TAUPIN

GROUPE CPI

La Flèche (Sarthe), le 05-09-2005.
31330 - N° d'Éditeur 537, dépôt légal : septembre 2005.

ÉDITIONS DE FALLOIS - 22, rue La Boétie - 75008 Paris
Tél. 01.42.66.91.95